Edition Literatur- und Kulturgeschichte

Über den Herausgeber
André Barz, geb. 1963 in Karl-Marx-Stadt [Chemnitz]; 1982/86 Studium der Fächer Dt. Sprache und Literatur sowie Geschichte an der Päd. Hochschule Leipzig, 1986 Diplom (mit einer Arbeit über die Theaterrezeption Jugendlicher der gymnasialen Oberstufe); 1986/89 Forschungsstudium an der Päd. Hochschule Leipzig, Lehrstuhl Päd. Psychologie, 1989 Promotion (*Psychologische Aspekte des Darstellenden Spiels*); 1986/87 und 1989/90 Lehrer in Leipzig, danach bis 1992 wiss. Assistent am Lehrstuhl f. Didaktik des Literaturunterrichts an der Päd. Hochschule ebd., 1992/95 wiss. Mitarbeiter an der Universität Leipzig, Institut f. Germanistik, Bereich Deutschdidaktik; 1990/91 Lehrauftrag an der Univ. Bielefeld, Fak. f. Linguistik u. Literaturwissenschaft; seit 1996 Theaterpädagoge an der Landesbühne Sachsen-Anhalt Lutherstadt Eisleben.

Publikationen: *Psychologische Aspekte des Darstellenden Spiels.* Egelsbach/Köln/New York: Hänsel-Hohenhausen 1992; *Stereotyp und Darstellendes Spiel. Plädoyer für ein eher konstruktives Verhältnis.* In: Der Deutschunterricht (Velber/Stuttgart) 47 (1995), H. 3; *Psychologie und Darstellendes Spiel.* In: Deutschunterricht (Berlin) 48 (1995), H. 4; *Darstellendes Spiel. Gefühle ausdrücken, Gefühle verstehen.* In: A. B./R. Hickethier u.a.: Vom ... den anderen. Hg. R. Hickethier. Donauwörth/

Darstellendes Spiel. Texte

Für die Sekundarstufen I und II

Herausgegeben von André Barz

Volk und Wissen Verlag GmbH

Zu dieser Sammlung von dramatischen Texten, Spielen und Übungen für die Klassen 8 bis 13 gehört der Interpretationsband *Vom Umgang mit darstellendem Spiel* (ISBN 3-06-102823-4), der auch den Band *TheaterSpielKiste* für die Klassen 5 bis 7 einbezieht.

Das Werk folgt der reformierten Rechtschreibung und Zeichensetzung. Ausnahmen bilden Texte, bei denen künstlerische, philologische und lizenzrechtliche Gründe einer Änderung entgegenstehen.

Die Deutsche Bibliothek – CIP-Einheitsaufnahme

Darstellendes Spiel : Texte / hrsg. von André Barz –
1. Auflage – Berlin : Volk-und-Wissen-Verl., 1996
   (Edition Literatur- und Kulturgeschichte)
   ISBN 3-06-100848-9

NE: Barz, André [Hrsg.]

Dieser Band ist in allen seinen Teilen urheberrechtlich geschützt. Jegliche Verwendung außerhalb der engen Grenzen des Urheberrechts bedarf der schriftlichen Zustimmung des Verlages bzw. der im Quellennachweis genannten Rechteinhaber. Das gilt insbesondere für Vervielfältigungen, Mikroverfilmungen, Einspeicherung und Verarbeitung in elektronischen Medien sowie für Übersetzungen.

ISBN 3-06-100848-9

1. Auflage
5 4 3 2 1 / 00 99 98 97 96
Alle Drucke dieser Auflage sind unverändert und im Unterricht parallel nutzbar. Die letzte Zahl bezeichnet das Jahr dieses Druckes.

© Volk und Wissen Verlag GmbH, Berlin 1996
Redaktion Hannelore Prosche
Umschlaggestaltung Gerhard Medoch
Typografische Gestaltung Lisa Neuhalfen
Gesetzt aus der Aldus der Firma Adobe
Satz Volk und Wissen Verlag GmbH, Berlin
Druck und Binden Offizin Andersen Nexö GmbH, Leipzig
Redaktionsschluss 8. Oktober 1996
Printed in Germany

Inhalt

Vorbemerkung 6

I Spiele und Übungen
   ›Wach werden‹ 7 – Kennen lernen 8 – Miteinander vertraut werden 9
   Sensibilisierung 10 – Wahrnehmen und Darstellen 12 – Darstellen 14

II Texte als Improvisationsanregung
   Christian Martin *Bunker* 16 – *Amok* 17
   Thomas Brasch *Mercedes* 18
   Bertolt Brecht *Furcht und Elend des III. Reiches*
      2: Der Verrat 20 – *17: Das neue Kleid* 21
   Samuel Beckett *Warten auf Godot* 22
   George Tabori *Clowns* 23
   Daniil Charms *Streit* 24
   Volker Ludwig *Linie 1* 25
   Kurt Tucholsky *Ein Ehepaar erzählt einen Witz* 30

III Dramatische Texte in Auswahl
   Sophokles *Philoktet* 34
   Heiner Müller *Philoktet* 41
   Andreas Gryphius *Absurda Comica oder Herr Peter Squenz* 48
   Johann Wolfgang von Goethe *Clavigo* 55
   Friedrich Schiller *Die Räuber* 58
   Heinrich von Kleist *Prinz Friedrich von Homburg* 64
   Georg Büchner *Woyzeck* 69
   Friedrich Hebbel *Maria Magdalena* 70
   Henrik Ibsen *Ein Puppenheim (Nora)* 73
   Arthur Schnitzler *Literatur* 84
   Egon Friedell/Alfred Polgar *Goethe im Examen* 92
   Jean Genet *Die Zofen* 100
   George Tabori *Mein Kampf* 107
   Ina Strelow *Bin ausgebrannt und zapple noch* 114
   Federico García Lorca *Bernarda Albas Haus* 121
   Nikolaj Erdman *Der Selbstmörder* 126
   Athol Fugard/John Kani/Winston Ntshona *Die Insel* 128
   Anthony Burgess *Clockwork Orange 2004* 133
   Hansjörg Schneider *Der Irrläufer* 138
   Coline Serreau *Hase Hase* 143

Anhang
   Abkürzungen 151 – Biografische Angaben/Quellennachweise 151

Vorbemerkung

Mit der vorliegenden Text- und Spielsammlung verbindet sich der Wunsch, dass darstellendes Spiel noch selbstverständlicher in das Methodenreservoir von Lehrerinnen und Lehrern aufgenommen wird. Die Auswahl der Texte orientiert sich deshalb an den Orten, wo sie in theatralischer Auseinandersetzung ihre Berechtigung erfahren müssen – Schule und Unterricht. Texte von Goethe, Schiller, Büchner oder Hebbel aufzunehmen ist dabei aber nicht allein schulischem Kanon oder den Rahmenrichtlinien der einzelnen Länder geschuldet. Die Absicht war auch, einer Haltung zu begegnen, spielerischer Umgang eigne sich nicht für klassische Texte. Es braucht das Probieren, die Besonderheit oder Andersartigkeit dieser Möglichkeit von Interpretation auch an ›gesicherten‹ Texten zu erfahren. Über die ›Lehrplantauglichkeit‹ hinaus sollten die Texte von für das Theater bedeutsamen Autorinnen oder Autoren stammen oder ein Thema ansprechen, das für Jugendliche von Interesse ist, sie unmittelbar oder mittelbar angeht. Die Gewalt des fünfzehnjährigen Alex in *Clockwork Orange 2004*, die Erfahrung von Arbeitslosigkeit in *Bin ausgebrannt und zapple noch*, die Seitenhiebe auf den Literaturunterricht in *Goethe im Examen* oder auf ein bestimmtes Verständnis von Autorschaft und Literatur in *Literatur* könnten solche Themen sein. Vielleicht begegnet man einem Schriftsteller wie Jean Genet aufmerksamer, weil er die Niederungen des Daseins literaturfähig und damit die eigenen Lebensprobleme nicht nur bewältigt, sondern produktiv gemacht hat. Vielleicht lässt man sich auch von der Faszination einfangen, die von einem Mann wie George Tabori ausgeht, der Charlie Chaplin zu seinen Freunden zählte, mit Marylin Monroe Abende verbracht hat und Dustin Hoffman als Assistenten beschäftigte. Vielleicht.

›Darstellendes Spiel‹ beeinflusste die Textauswahl natürlich auch noch in einem viel direkteren Sinne. In *Mercedes* und *Warten auf Godot* veranstalten die Figuren Rollenspiele, ebenso in *Die Zofen*. Gryphius' Peter Squenz sieht sich dem Problem gegenüber, mit Handwerkern ein Stück aufführen zu wollen, und stellt die alles entscheidende Frage: ›Wie spielt man das?‹. Die Figuren des Stückes *Die Insel* studieren gar unter Gefängnisbedingungen *Antigone* ein.

Die im ersten Teil vorgeschlagenen Spiele und Übungen können darstellendes Spiel vorbereiten helfen und spielerischem Agieren die Befangenheit nehmen. Sie sind als Einstieg zu verstehen.

I Spiele und Übungen

›Wach werden‹

1   Die Spielerinnen und Spieler werden gebeten, sich in einem Kreis zusammenzusetzen. Danach wird, links oder rechts beginnend, durchgezählt und alle merken sich ihre Zahl. Zunächst versucht die Gruppe, einen Rhythmus zu finden, indem zuerst mit beiden Händen auf die Oberschenkel geschlagen, danach in die Hände geklatscht und abschließend erst rechts und dann links mit den Fingern geschnipst wird. Wenn das gelingt, wird das Spiel erweitert: Mit dem Schnipsen der Finger der rechten Hand ruft eine Teilnehmerin oder ein Teilnehmer seine eigene Zahl, mit dem Schnipsen der Finger der linken Hand die Zahl einer Mitspielerin oder eines Mitspielers auf. Die/der ruft die eigene Zahl und die Zahl eines Mitspielers und so fort. ›Schläft‹ jemand der Spielenden oder wird beim Aufrufen der Rhythmus nicht gehalten, entfällt die Zahl der betreffenden Spielerin oder des betreffenden Spielers und sie/er erhält stattdessen einen ›passenden‹ Namen, den sich die Gruppe vorher ausdenkt. Die/der Betreffende darf zwar weiter mitmachen, muss aber diesen Namen verwenden und darf auch nur unter diesem Namen aufgerufen werden. Vergisst das jemand und ruft die entfallene Zahl auf, erhält sie/er den betreffenden Namen und die/der ihn bis dahin Innehabende bekommt die ursprüngliche Zahl zurück.

2   Spielerinnen und Spieler finden sich zu Paaren zusammen und verteilen sich untergehakt im Raum. Ein Paar beginnt das Spiel, indem sich die Spieler in einen Polizisten und einen Dieb verwandeln. Der Dieb versucht zu fliehen und der Polizist, ihn zu fangen. Erwischt der Polizist den Dieb, kehrt sich das Verhältnis um: Der Polizist wird zum Dieb und muss fliehen, der Dieb wird zum Polizist und muss fangen. Der Dieb kann sich in Sicherheit bringen, indem er sich bei einem der im Raum verteilten Paare unterhakt. Allerdings muss sich dann die Spielerin oder der Spieler der vom Dieb abgewandten Seite vom Partner lösen und wird zum Polizist, sodass der ›heranstürmende‹ Polizist plötzlich zum Dieb wird und wieder fliehen muss.

3   Die Spielleiterin oder der Spielleiter bestimmt eine Spielerin oder einen Spieler, die/den die anderen Spielenden in allem nachahmen müssen. Spaß an diesem Spiel entsteht besonders deshalb, weil die Spielteil-

nehmerinnen und -teilnehmer wirklich alles nachahmen, also nicht nur Bewegungen, Darstellungen oder Sätze, die die Mitspielerin oder der Mitspieler bewusst zeigt bzw. spricht. Das Spiel funktioniert auch dann, wenn den jeweils Vorzeigenden nichts mehr einfällt. Es kann ruhig etwas Zeit vergehen, bevor eine neue Mitspielerin oder ein neuer Mitspieler bestimmt wird. Ist das Spiel bekannt und sind die Teilnehmenden aufeinander ›eingespielt‹, kann auch die Gruppe sich jemanden zum Nachahmen aussuchen.

Zum ›Wach werden‹ sind auch solche bekannten Spiele wie *Feuer, Wasser, Sturm* oder *Stuhltanz (Reise nach Jerusalem)* geeignet.

Kennen lernen

4   Spielerinnen und Spieler setzen sich in einem Kreis zusammen. Alle Spielenden überlegen sich eine Geste, Tätigkeit oder Verhaltensweise, die für sie selbst so typisch ist, dass die anderen sie/ihn daran wiedererkennen würden. Die Spielleiterin oder der Spielleiter beginnt das Spiel, indem sie/er zuerst die gefundene Geste, Tätigkeit oder Verhaltensweise zeigt und danach den eigenen Namen nennt. Der oder die rechts neben ihm Sitzende wiederholt zunächst die gezeigte Geste, Tätigkeit oder Verhaltensweise und den eben genannten Namen, ehe er/sie das Ergebnis der eigenen Überlegungen zeigen und den Namen nennen darf. Dies wiederholt sich durch den Kreis. Zum Abschluss muss die Spielleiterin oder der Spielleiter alle gezeigten Darstellungen nachahmen und alle Namen der Mitspielenden nennen.

5   Spielerinnen und Spieler stellen sich zu einem Kreis zusammen. Sie treten nacheinander in den Kreis, nennen ihre Namen und verbinden das mit dem Zeigen einer Geste oder einer Bewegung (Verbeugung, Kniefall, Walzerschritt o. Ä.). Dies wird zuerst mit der stark reduzierten und danach mit der stark übertriebenen Darstellung der Geste oder Bewegung wiederholt.

6   Spielerinnen und Spieler bilden einen Kreis und erkundigen sich jeweils bei ihrem rechten und bei ihrem linken Nachbarn nach deren Namen und Lieblingsbeschäftigung. Jeder Spielteilnehmer stellt dann seine Nachbarn und sich selbst vor. Sind alle vorgestellt worden, wird der Kreis neu ›gemischt‹ und die Vorstellungsrunde beginnt von vorn, allerdings ohne dass nochmals nach Namen oder Lieblingsbeschäftigung der anderen gefragt wird.

7   Spielerinnen und Spieler stellen sich im Kreis auf, strecken ihren rechten Arm vor und schließen die Augen. Danach gehen sie zur Kreismitte aufeinander zu und ergreifen die Hand eines Mitspielers. Die sich so findenden Paare verteilen sich im Raum und setzen sich gegenüber. Sie betrachten einander so genau wie möglich, um den Partner bzw. die Partnerin anschließend ohne hinzusehen beschreiben zu können. (In Abwandlung kann das jeweilige Beobachtungsergebnis im Gespräch auch in einem prägnanten Satz zusammengefasst werden.)

Miteinander vertraut werden

8   Die Spielerinnen und Spieler gehen im Raum umher. (Viele Wege gehen! Nicht im Kreis!) Sie berühren alle rechts an ihnen Vorbeikommenden. (Nicht begrüßen! Auf Berührung aus sein!)

9   Spielerinnen und Spieler finden sich zum Spielkreis. Eine Spielerin oder ein Spieler kommt in die Mitte, muss die Augen schließen und wird um sich selbst gedreht. Danach wird sie/er durch den Kreis geschickt. Die anderen nehmen sie/ihn in Empfang und schicken sie/ihn wieder los. Sie sind dafür zuständig, dass ihr/ihm nichts passiert. Sie sollen ihr/ihm Sicherheit geben. Ist dies weitestgehend erreicht, wird er/sie ausgewechselt. (Es ist sinnvoll, allen Mitspielenden diese Erfahrung zu ermöglichen. Anfängliches Lachen und Herumalbern auf Kosten des ›Spielballs‹ wandelt sich dann schnell in konzentrierte Aufmerksamkeit!)

10   Spielerinnen und Spieler suchen sich jeweils einen Partner. Einer der beiden schließt die Augen und der andere führt sie oder ihn nur durch den leichten Druck ihrer aneinander gelegten Kuppen der Zeigefinger durch den Raum. Danach wird gewechselt. Als Erweiterung kann der Schwierigkeitsgrad erhöht werden, indem im Raum Hindernisse verteilt werden. Außerdem besteht die Möglichkeit, den ›blinden‹ Partner durch das Rufen seines Namens oder ein vereinbartes Geräusch zu führen.

11   Spielerinnen und Spieler finden sich in Dreiergruppen zusammen. Zwei der Mitspielenden stellen sich in einem selbst zu bestimmenden Abstand gegenüber. Der dritte Mitspieler stellt sich ganz ›steif‹ zwischen die beiden, bleibt auf einem Punkt stehen und wird von ihnen wie ein Pendel von einem zum anderen hin und her geschoben. Der Abstand zwischen den ›Schiebenden‹ kann je nach Wohlbefinden der oder des ›Pendelnden‹ vergrößert oder verringert werden.

12   Spielerinnen und Spieler gehen mit geschlossenen Augen im Raum umher. Wenn sie jemanden treffen, versuchen sie, durch Ertasten herauszufinden, um wen es sich handelt. Haben sie sich erkannt, geben sie es durch eine kleine verabschiedende Geste zu verstehen. Alles geschieht ohne Worte.

13   Spielerinnen und Spieler finden sich paarweise zusammen und sitzen einander gegenüber. Die Hände flach auf die Oberschenkel gelegt, schauen sie sich in die Augen. Eine oder einer der beiden beginnt die Hände zu bewegen und der/die andere reagiert darauf als Spiegelbild. (Es ist egal, wer beginnt. Auch der Wechsel des Führens sollte nicht angesagt werden, sondern sich aus dem Spiel ergeben. Die Bewegungen müssen so langsam erfolgen, dass der/die andere die Chance hat, wirklich als Spiegel zu reagieren. Es geht um gemeinsames Agieren, nicht um das Austricksen des Partners!) In Erweiterung dieses Spiels können sich die Partner gegenüberstehen und mit dem ganzen Körper und im Raum agieren.

14   Spielerinnen und Spieler suchen sich eine Partnerin bzw. einen Partner, mit der/dem sie sich Rücken an Rücken durch den Raum bewegen. Das ›Fabelwesen‹ darf sich dabei nicht auflösen. (Auch hier geht es um das Finden eines gemeinsamen, aufeinander abgestimmten Fortbewegungsmodus!)

15   Spielerinnen und Spieler bilden Paare. Eine oder einer der beiden stellt sich entspannt hin und beugt den Oberkörper ganz locker kopfunter nach vorn; der/die andere beginnt danach, ganz leicht mit den Handflächen den Rücken, Schultern und die Arme des Mitspielenden zu klopfen und etwas später ›auszustreichen‹. Danach wird gewechselt. (Es geht um das Wohlbefinden der Spielenden. Die Intensität des Klopfens sollte danach ausgerichtet sein!)

Sensibilisierung

16   Die Spielenden wählen einige Mitspielerinnen und Mitspieler aus, die sich als Gruppe in einer bestimmten Form zueinander arrangieren. Eine weitere Mitspielerin oder ein Mitspieler bekommt Gelegenheit, diese Gruppe genau zu betrachten. Danach wird sie/er gebeten, den Raum zu verlassen. Nun verändert die Gruppe kleine Details in ihrem Arrangement, in der Kleidung oder einzelne Haltungen. Die/der wieder Hereingerufene muss versuchen, die Veränderungen zu entdecken. Danach kann

eine neue Gruppe und eine neue Betrachterin oder ein neuer Betrachter gewählt werden.

17   Spielerinnen und Spieler legen sich auf den Boden und schließen die Augen. Zunächst konzentrieren sie sich auf alle Geräusche außerhalb des Raumes. Danach lauschen sie auf alle Geräusche im Raum. Im Gespräch tragen die Spielenden zusammen, was sie alles gehört haben.

18   Spielerinnen und Spieler finden sich zu Paaren. Einer der beiden schließt die Augen, der andere führt sie/ihn durch den Raum und nimmt dabei deren/dessen Hand, um ihr/ihm viele Tasterfahrungen an den Gegenständen des Raumes zu ermöglichen. (Es geht nicht vordergründig darum, den Gegenstand zu erkennen, und schon gar nicht darum, ihn zu benennen. Es geht um das Fühlen von Materialien, Oberflächen, Formen!)

19   Spielerinnen und Spieler bilden zwei Gruppen. Eine Gruppe formiert sich zu einem ›Denkmal‹. Die anderen betrachten dieses Denkmal mit der Aufgabenstellung, es nachzugestalten. Hat sich jede bzw. jeder von ihnen für eine Figur in diesem Arrangement entschieden, schließen die Spielerinnen und Spieler des ›Denkmals‹ die Augen und die andere Gruppe gestaltet das ›Denkmal‹. Die Spielleiterin oder der Spielleiter führt die ›blinden‹ Spieler zum nachgestalteten ›Denkmal‹. Sie versuchen, nur mit ihren Händen ihre zuvor dargestellte Figur zu erkennen. Danach erfindet die andere Gruppe ein ›Denkmal‹ als Vorgabe.

20   Spielerinnen und Spieler stellen sich verstreut im Raum auf, jede/jeder überlegt sich ein eindrucksvolles Geräusch und spricht, seufzt, pfeift, brummt o. Ä. es vor sich hin. Ein vorher bestimmter Mitspieler geht nun mit geschlossenen Augen durch diesen ›Geräuschewald‹ und versucht dabei, durch Tasten herauszufinden, von wem das jeweilige Geräusch erzeugt wird. Ist ihr/ihm ein Geräusch besonders angenehm, gibt sie/er es zu verstehen, indem sie/er es übernimmt. Die Spielerin oder der Spieler, von der/dem dieses Geräusch stammt, geht nun mit geschlossenen Augen weiter.

21   Die Spielleiterin oder der Spielleiter bestreicht die Handgelenke der Spielerinnen und Spieler mit verschiedenen Parfüms. Die Spielenden haben dabei die Augen geschlossen. Danach gehen sie auf die Suche nach denen, die so riechen wie sie selbst, weil sie mit demselben Parfüm eingerieben wurden.

22   Die Spielerinnen und Spieler gehen regellos im Raum umher. Begegnen sie einer/einem anderen, versuchen sie, einander in die Augen zu schauen. Nach einer gewissen Zeit sollen sie einander von oben bis unten betrachten.

23   Spielerinnen und Spieler suchen sich eine Partnerin bzw. einen Partner. Eine oder einer der beiden beginnt das Spiel, indem der/die andere mit den Worten ›Geh weg!‹ und ›Komm her!‹ weggeschickt und zurückgerufen wird, immer im Wechsel. Anschließend wird gewechselt.

24   Spielerinnen und Spieler finden sich zu Paaren. Eine Spielerin bzw. ein Spieler hält der/dem anderen die flache Hand vor das Gesicht und führt sie/ihn so auf und ab, kreuz und quer, schnell und langsam, gestreckt und gestaucht durch den Raum. Danach wird wieder gewechselt.

(Die letzten drei Spiele sollte immer ein Gespräch darüber beschließen, was die Spielerinnen und Spieler dabei bewegt oder bewegt hat. Anders als die zuvor beschriebenen Spiele sensibilisieren sie nicht die Sinne – Sehen, Hören, Fühlen, Riechen –, sondern rufen Emotionen wach!)

Wahrnehmen und Darstellen

25   Die Spielerinnen und Spieler setzen sich in einem Halbkreis zusammen. Ihnen gegenüber wird ein Stuhl gestellt. Nacheinander setzen sich die Spielenden mit dem Rücken zur Gruppe auf diesen Stuhl und nehmen eine bestimmte Haltung ein, die entweder eine Situation vorstellt oder innere Befindlichkeit ausdrückt. Die Gruppe muss versuchen, nur über die Körperhaltung die Situation oder die psychische Befindlichkeit zu erkennen. (Es ist sinnvoll, dass die Spielenden die Augen schließen und sie erst öffnen, wenn die entsprechende Mitspielerin bzw. der entsprechende Mitspieler die gewählte Haltung eingenommen hat!)

26   Die Spielenden bilden zwei Gruppen. Die Spielerinnen und Spieler der einen Gruppe gehen normal in einer Hälfte des Raumes herum. Die anderen beobachten dieses Gehen und jede/jeder von ihnen wählt aus, wessen Gang sie/er im Anschluss nachahmen will. Haben sich alle entschieden und ausreichend beobachtet, zeigen sie den Spielerinnen und Spielern der ersten Gruppe deren Gangarten. Diese müssen versuchen, sich selbst zu erkennen.

27 Spielerinnen und Spieler setzen sich im Kreis zusammen. Eine oder einer von ihnen zieht eine Grimasse und ›wirft‹ sie einer/einem anderen Spielenden zu. Diese oder dieser wiederholt die Grimasse, denkt sich eine neue aus und ›wirft‹ sie einer weiteren Mitspielerin oder einem Mitspieler zu und so fort.

Eine Variante des Spiels besteht darin, nicht Grimassen durch den Kreis zu geben, sondern mimisch psychische Befindlichkeiten auszudrücken. Erhält ein Mitspieler ein solches (trauriges, melancholisches, fröhliches, staunendes, wütendes, ...) Gesicht ›zugeworfen‹, ahmt sie/er es erst nach und versucht dann, die Intention zu beschreiben.

28 Eine große Zahl der Spielteilnehmerinnen und -teilnehmer verlässt den Raum. Unter den im Raum verbliebenen Spielerinnen und Spielern wird eine/einer ausgewählt, die/der als ›Statue‹ eine bestimmte Haltung einnimmt. Danach wird die erste Spielerin oder der erste Spieler von draußen hereingeholt. Sie/er erhält die Aufgabe, die ›Statue‹ genau zu betrachten. Wenn sie/er der Meinung ist, deren Aussehen aus dem Gedächtnis erinnern zu können, verlässt die ›Statue‹ ihren Platz und die oder der Betrachtende nimmt ihn als Kopie ein. Die zweite Spielerin oder der zweite Spieler wird hereingeholt und kopiert und so fort. Neben die letzte hereingeholte Spielerin oder den Spieler wird zum Vergleich wieder die ›Originalstatue‹ gestellt. (Die betrachtende Spielerin oder der betrachtende Spieler darf nur wahrnehmen. Sie/er darf nicht kopieren, während die ›Statue‹ noch steht!)

29 Eine Variante des vorher beschriebenen Spiels ist die Erhöhung des Schwierigkeitsgrades durch das Zeigen eines Handlungsablaufes. Zum Beispiel könnte das Schieben eines Kinderwagens gezeigt werden, dabei fällt der Schnuller heraus, er wird gesäubert und dem Kind zurückgegeben, das Kind wird gestreichelt und die Decke glatt gezogen. (Es sollten überschaubare Handlungsabläufe gewählt und nur Tätigkeiten gezeigt werden, die charakteristisch für diesen Handlungsablauf sind, also nicht auch Bestandteil anderer Handlungsabläufe sein können!)

30 Die Spielteilnehmerinnen und -teilnehmer begeben sich an einen menschenreichen Ort, beispielsweise in ein Kaufhaus. Jede/jeder sucht sich eine Person aus, beobachtet sie über eine gewisse Zeit unauffällig und spielt sie danach den anderen vor.

Darstellen

31 Die Spielerinnen und Spieler gehen im Raum umher und begrüßen sich in verschiedenen von der Spielleiterin oder dem Spielleiter vorgegebenen Rollen oder Nuancen: als alte Freunde, als sich nicht leiden könnende Nachbarn, als ehemalige Mitschüler, als Chef und Untergebener …; misstrauisch, höflich, übertrieben freundlich, peinlich berührt, zurückhaltend, herzlich, …

32 Die Spielteilnehmerinnen und -teilnehmer gehen im Raum umher und ›intentionalisieren‹ ihren Gang:
– durch die bewusste Veränderung äußerer Merkmale (hochgezogene Schultern, vorgeschobener Bauch, herausgestreckter Po, zusammengedrückte Beine, nach außen zeigende Zehenspitzen, das Laufen auf den Hacken, …);
– durch das Vorstellen innerer Befindlichkeiten (traurig, die ganze Welt umarmen könnend, nachdenklich, verführerisch, wütend, hysterisch, …);
– durch das Vorstellen äußerer Einwirkungen (es regnet, die Sonne scheint erbarmungslos, es stürmt und schneit, Frost, Sandwüste, knöcheltiefer Schlamm, …).

33 Die Spielenden bilden zwei Gruppen und stellen sich so auf, dass sie eine enge Gasse bilden. Die Spielerinnen und Spieler müssen nacheinander einzeln diese Gasse durchlaufen. Dabei stellen diejenigen, die die Gasse bilden, immer eine von der Spielleiterin oder dem Spielleiter vorgegebene Stimmung her (zujubelnd, Hass, bewundernd, anpöbelnd, anmachend, peinliche Stille, schweigende Ablehnung, …).

34 Die Spielerinnen und Spieler gehen im Raum umher und sprechen ein Wort, eine Wortgruppe oder einen Satz immer wieder vor sich hin. Dabei verändern und probieren sie verschiedene Haltungen, Lautstärken, sprachliche Eigenarten. Sie sprechen sie für sich, zu einer Partnerin, einem Partner, zu einer Menschenmasse, über eine weite Distanz oder nach einem Lauf über 3 000 m.

35 Alle am Spiel Teilnehmenden überlegen sich ein typisches Klischee, das sie/er den anderen vorspielt (Westernheld, Manager, Prostituierte, Hausfrau, Model, Offizier, Polizist, Professor, Künstler, Lehrer, …).

36 Spielerinnen und Spieler finden sich in Dreiergruppen zusammen.

Die Gruppen spielen sich gegenseitig eine Szene vor, in der sich die Spielerinnen und Spieler mit Zahlen wie mit Wörtern unterhalten. Sie zählen fortlaufend eins, zwei, drei, vier und so fort mit einer bestimmten Haltung und reagieren und antworten mit fortlaufendem Zählen. Einzige gesetzte Spielbedingung ist, dass die Szene bei einer bestimmten Zahl ihren Abschluss finden soll.

37 Die Spielenden bewegen sich im Raum. Plötzlich beginnt eine Spielerin oder ein Spieler, eine Situation darzustellen. Alle anderen reagieren darauf und vervollständigen die improvisierte Szene. Beginnt jemand mit den Worten: »Liebes Brautpaar!«, dann müssen sich schnell ein Hochzeitspaar, die dazugehörigen Eltern, Trauzeugen, Musiker und die übrige Hochzeitsgesellschaft finden, es müssen Ringe getauscht werden, die Braut darf geküsst werden und es wird (vielleicht unter Freudentränen) gratuliert. Ist die Szene ausgespielt, wird sie aufgelöst und eine andere Spielerin oder ein anderer Spieler bringt eine neue Idee ein.

38 Spielerinnen und Spieler bilden Gruppen in Abhängigkeit von der Anzahl der Teilnehmenden am Spiel. Jede Gruppe überlegt sich eine Situation, die sie den anderen als Hörspiel vorstellt. Letztere schließen dazu die Augen. So kann zum Beispiel das ›Erwachen auf einem Bauernhof‹ dargestellt werden mit dem Krähen des Hahns, dem Quietschen der Wasserpumpe, verschiedenen Tierlauten und dem Traktorengeräusch, dass entsteht, wenn der Bauer den Hof verlässt.

II Texte als Improvisationsanregung

Christian Martin *Bunker. Ein Spiel*

| In diesem Stück hat eine Gruppe Menschen, die der Autor Händl, Ping, Pong, Russ, Fidschi und Nutt nennt, auf der Flucht vor der Polizei in einem »überlebensbunker an der oder/neiße« Schutz gesucht. Den Eingang haben die Flüchtenden selbst zugesprengt, sie sind also Eingeschlossene. Was zwischen ihnen geschieht, wird provoziert durch ihre Biografie. Russ ist desertiert, Händl ein ehemaliger Parteifunktionär, Ping und Pong sind Brüder, der eine diesseits, der andere jenseits der Grenze aufgewachsen. Vervollständigt wird dieses Brennglas der Gesellschaft mit ihren Problemen der »vollendeten gegenwart« durch eine vietnamesische und eine polnische Prostituierte. Im Bunker gibt es kein Ausweichen, die Auswegslosigkeit der Situation steigert den Druck. Entweder sie finden zueinander oder sie beschwören eine Katastrophe herauf. |

5. Szene

[…]
PONG welcher tag
PING scheißegal
HÄNDL stimmung
   lahmärsch
   kommt aus der hüft
   ein fest
   kein totenfeier
   jeder einfall prämie
   nu
PONG führers geburtstag
   eh händl
HÄNDL da sauf
   neue vorschläg
PING gib ruh
HÄNDL himmelfahrt der män-
   nertag
   prämie
   ich sauf
   ihr
PING weihnachten

PONG weihnachten
HÄNDL pah weihnachten
   von mir aus
   sauft
[...]   *(e. 1990/91, U. 1992 Leipzig)*

Amok. Ein Spiel

| Erzählt wird die Geschichte des Jungen Daniel, der aus seinem Leben auszubrechen versucht. Er erträgt die Verlogenheit seiner Eltern nicht, die allein die Fassade wahren wollen; genauso wenig erträgt er die Verlogenheit des Staates, der Rockmusik hörende Jugendliche verhaften lässt. Aus der Jugendclique bleibt er ausgeschlossen, das Mädchen Maike, das er liebt, ›treibt es mit jedem‹. Die Sehnsucht nach Liebe und Zärtlichkeit, nach Aufrichtigkeit und der Hass gegen das ›Abgerichtetwerden‹, das Gefühl, ein ›Mankurt‹ zu sein, treiben ihn zu einer verzweifelten Tat.

Mankurt – Sklaven, die durch eine unmenschliche Tortur (auf den kahlgeschorenen Kopf wird ein Stück blutdurchtränkte Kamelhaut gezogen, die sich beim Trocknen wie ein Reif um den Kopf presst) ihres Gedächtnisses beraubt werden und so ihrem Herrn widerspruchslos dienen |

7. SZENE

das zimmer daniels / maike und daniel im bett

MAIKE jetzt bis du kein jungmann mehr
DANIEL was kriegst du
MAIKE *will ihn schlagen* ach du
DANIEL treibst es mit jedem
MAIKE na und
DANIEL warum
MAIKE darum
DANIEL warum mit mir
MAIKE ich denke du willst mich
DANIEL allein
MAIKE pascha
DANIEL allein hörst du
   ich erfrier sonst
MAIKE he
DANIEL warum
MAIKE was willst du hören

dass ich es brauche
　　oder das Geld
　　aus rache
DANIEL　ich habe dir nichts getan
MAIKE　aber mein vater mir
　　ich war zwölf
　　verstehst du
DANIEL　sau verbrecher sadist
　　zeig ihn an
MAIKE　komm her
DANIEL　lass mich
MAIKE　wir bleiben zusammen
　　hörst du
　　ich friere auch
　　und wie *(e. 1987/89, U. 1992 Magdeburg)*

Thomas Brasch　*Mercedes*

| Sakko und Oi sind zwei arbeitslose Jugendliche, die sich zufällig begegnen. Das Gefühl, nicht gebraucht zu werden, hat bei beiden Verletzungen hinterlassen, die es schwer machen, ohne Versteckspiele, ohne Gehabe miteinander umzugehen. Die Annäherung braucht Zeit, sich anzuvertrauen, und Zuneigung zu gestehen erst recht. Sie probieren es mit Rollenspielen. Der Charakter eines Experimentes schimmert durch. Der Autor hat seine Szenen deshalb auch mit dem Vokabular einer »Versuchsanordnung« überschrieben. |

3
DIE VERSUCHSANORDNUNG WIRD HERGESTELLT

OI　Undwenndedirwaswünschenkönntest
SAKKO　Wasnwünschen
OI　Einfachso Waswünschen
SAKKO　Wassollichmirwünschen
OI　Weißichdochnich Musstdudochwissen
SAKKO　IssdochQuatsch
OI　Kannstedochmalsagen Weißteniks
SAKKO　Klarweißichwas Weißichimmer
OI　Sagdochmal
SAKKO　Mercedes Issdochklar
OI　WasnAuto

SAKKO   DenkstevielleichtIssnTretroller
OI   Mercedes also
SAKKO   Abernich irgendein
   Ein mit Schiebedach Autotelefon Stereo Elektronikbremse
   Fensterheber Colorglasscheiben
   So einer mit alles dran Verstehste
OI   Sowiederdameinste
SAKKO   Wasmeinste
OI   Son Mercedes wiederdaeinersteht
SAKKO   Spinnste Seh kein Mercedes
OI   Tomaten aufn Auge oder was Der da drüben
SAKKO   WostehtnhiernMercedes
OI   Da
SAKKO   Binichblöde Oderdu
OI   Siehstn nich Musste die Augen aufmachen
SAKKO   Machichdoch Seh niks
OI   Da
SAKKO   Da
OI   Also
SAKKO   Ja
OI   Issderdendumeinst
SAKKO   Mal nachkuckn
OI   Na los
SAKKO   Tatsache
OI   Alles dran
SAKKO   Alles dran
   Tatsache Schiebedach Wie das schnurrt
   Hier Autotelefon Fensterheber Colorglas
   Iss Fernlicht an Jetz Kuck mal
OI   Iss an
SAKKO   Stereo Warte mal Nich zu fassen
   Jeder Lautsprecher einzeln zu regulieren
   Iss er Das iss er
   Kannste einsteigen
OI   Sogar Ledersitze
SAKKO   Muss sein Iss ja fasst schon Standard
OI   Mach ma die Musik bisschen lauter
SAKKO   Ihr Wunsch iss mein Befehl
OI   Will ich hoffen Erst ich dir dann du mir
   Fahrn wir schon
SAKKO   Schon lange

7
DAS ERSTE VERSUCHSERGEBNIS

OI   Kriegstmichnich
SAKKO   Und wenn schon
OI   Kriegstmichnich
SAKKO   Willste wohl gerne
OI   Kriegstmichnich
SAKKO   Meine Mutter hat immer gesagt
OI   Kriegstmichnich
SAKKO   Der Mensch braucht Arbeit oder er ist keiner
OI   Kriegstmichnich
SAKKO   Der Mensch braucht Liebe oder er ist keiner
OI   Kriegstmichnich
SAKKO   Aber Arbeit hat sie immer gesagt
OI   Kriegstmichnich
SAKKO   Geht vor hat sie immer gesagt
OI   Kriegstmichnich
SAKKO   Hat sie immer gesagt Und als sie dann gestorben ist
OI   Kriegstmichnich
SAKKO   Hat sie auch keine mehr gehabt
OI   Kriegstmichnich   *(U. 1983 Zürich, BA 1985)*

Bertolt Brecht   *Furcht und Elend des III. Reiches*

| Mit diesem Stück wollte Brecht nach eigenen Aussagen »die Gestik unter der Diktatur« erfassen. 1934 begann er, aus Pressemitteilungen und Augenzeugenberichten Material über den Alltag im nationalsozialistischen Deutschland zusammenzutragen. 1937 beendete er zunächst fünf »kleine Stücke« mit dem Titel »Die Angst«, bevor er bis 1938 in einer Folge aus 27 Szenen »die Gesten des Verstummens, sich Umblickens, Erschreckens usw.« beschreibt. |

2
DER VERRAT

> Dort kommen Verräter, sie haben
> Dem Nachbarn die Grube gegraben
> Sie wissen, daß man sie kennt.
> Vielleicht: die Straße vergißt nicht?
> Sie schlafen schlecht: noch ist nicht
> Aller Tage End.

Kleinbürgerwohnung. Eine Frau und ein Mann stehen an der Tür und horchen. Sie sind sehr blaß.

DIE FRAU Jetzt sind sie drunten.
DER MANN Noch nicht.
DIE FRAU Sie haben das Geländer zerbrochen. Er war schon bewußtlos, wie sie ihn aus der Wohnung geschleppt haben.
DER MANN Ich habe doch nur gesagt, daß das Radio mit den Rußlandsendungen nicht von hier kam.
DIE FRAU Du hast doch nicht nur das gesagt.
DER MANN Ich habe nichts sonst gesagt.
DIE FRAU Schau mich nicht so an. Es geschieht ihnen recht. Warum sind sie Kommunisten.
DER MANN Aber sie hätten ihm nicht die Jacke zu zerreißen brauchen. So dick hat es unsereiner nicht.
DIE FRAU Auf die Jacke kommt es doch nicht an.
DER MANN Sie hätten sie ihm nicht zu zerreißen brauchen.

17
DAS NEUE KLEID

> Es kommen die Händler mit neuen
> Schönnamigen Kleidern, die scheuen
> Jeden Tropfen Regen sehr.
> Sie sind aus Holz und Papieren.
> Die Wolle reservieren
> Sie für das Militär.

Hausflur. Es regnet. Zwei SA-Leute stehen unter. Herein ein Paar, vor dem Regen flüchtend.

DER MANN Nur ein paar Spritzer. Es hört gleich wieder auf.
DAS MÄDCHEN Schau mein Kleid an! Ein paar Tropfen und schau dir mein Kleid an! Und es hat 28 Mark gekostet! Jetzt ist es ein Lumpen. Deutscher Werkstoff! Zwei Tropfen Regen und ein einziger Lumpen! Was glauben die eigentlich, was sie mit einem Menschen alles machen können, der sich sein Brot verdienen soll? 22 Mark hab ich in der Woche.
DER MANN Sei mal ruhig.
DAS MÄDCHEN Aber sie müssen ja Uniformen machen aus der Wolle. Und wir können bald nackicht gehen. Alles Beschiß! Ich hab drei Mo-

nate darauf gespart. Nicht Kaffee getrunken. Das bringt mir keiner mehr zurück. Das sind …
DER EINE SA-MANN Na was denn, Fräulein?
Das Mädchen sieht die SA-Leute erst jetzt und schreit auf.
DER MANN Sie ist nur ein bißchen aufgeregt wegen dem Kleid.
DAS MÄDCHEN *stammelt* Ich meinte doch nur, es sollte doch nicht regnen, nicht?

(e. 1937/38)

Samuel Beckett Warten auf Godot

| Unter einem Baum in irgendeiner Landschaft treffen sich Wladimir und Estragon. Sie wollen gemeinsam auf jemanden namens Godot warten. Sie sind verabredet, wissen aber nicht mehr wann, wo und warum. Also versuchen sie sich an diesem ungemütlichen Ort zu beschäftigen. Womit scheint egal. Die Hauptsache ist, es gibt Anlass, miteinander zu reden. Irgendwann werden zwei weitere Personen auftauchen und wieder verschwinden. Irgendwann werden Wladimir und Estragon beschließen, nicht länger zu warten. Und auch diesen Entschluss werden sie vergessen. |

1. AKT

[…]

WLADIMIR Hand in Hand hätten wir uns vom Eiffelturm runtergestürzt, mit den ersten. Da sahen wir noch anständig aus. Jetzt ist es zu spät. Die würden uns nicht einmal rauflassen.
Estragon versucht mit aller Gewalt, den Schuh auszuziehen.
  Was machst du da?
ESTRAGON Ich zieh die Schuhe aus. Ist dir wohl noch nie passiert, wie?
WLADIMIR Ich hab dir immer schon gesagt, dass man sie jeden Tag auszieht. Du solltest besser auf mich hören.
ESTRAGON *mit schwacher Stimme* Hilf mich doch!
WLADIMIR Tut's weh?
ESTRAGON Weh! Er fragt mich, ob es weh tut!
WLADIMIR *aufbrausend* Nur du leidest, nur du! Ich zähle nicht. Ich möchte dich mal an meiner Stelle sehen. Du würdest mir was erzählen.
[…]

(En attendant Godot, 1952, U. 1953 Paris; Übertr. Elmar Tophoven)

George Tabori *Clowns*

| Nachdem der Sohn des Hauses wegen der von ihm ›eingesammelten‹ Boa Constrictor Ärger mit seinem Vater bekommen hat, verbunden mit der unmissverständlichen Aufforderung, die Schlange zu entfernen, schleppt er »etwas Neues« an: »Welche Gattung?« – »Schwer zu sagen. Es ist groß.« Ein Ding. »Das Ding« benimmt sich, verhält sich, spricht, okkupiert mit einem Striptease das Bett und wird zum Familienmitglied oder -problem oder zur ›personifizierten‹ Übertreibung der so schon obskuren Situationen, charakterlichen Abschweifungen, verqueren Dialoge (kann es noch Kommunikation genannt werden?), in die sich selbst der Hund ohne Schwierigkeiten einzumischen vermag – wie in der folgenden Szene mit der Mutter. |

3. SZENE

[...]
DAS DING Reib meinen Rücken!
FRAU *heuchelt Überraschung* Oh?
DAS DING *ermutigend* Oh.
FRAU *spröde* Oh.
DAS DING *verständnisvoll* Oh.
FRAU *forschend* Oh?
DAS DING *beharrlich* Oh!
FRAU *schüchtern* Oh ...
DAS DING *gebieterisch* Oh.
FRAU *entflammt* Oh.
DAS DING *leidenschaftlich* Ohh.
HUND *missbilligend* Ah – ah!
DAS DING *irritiert* Eh?
FRAU *kokett* Ach!
SOHN *vergnügt* Eeh.
DAS DING *sinnlich* Och. *Es berührt das Haar der Frau mit seinem rechten Mittelfinger.*
FRAU *knallt ihm eine* Was fällt Ihnen eigentlich ein?
[...]

(U. 1972, Übertr. Ursula Grützmacher-Tabori)

Daniil Charms *Streit. Minidrama*

Kuklov und Bogadelnev sitzen am Tisch, über den eine Wachstuchdecke gebreitet ist, und essen Suppe.

KUKLOV Ich bin ein Prinz.
BOGADELNEV Du und ein Prinz!
KUKLOV Und was folgt daraus, dass ich ein Prinz bin?
BOGADELNEV Dass ich dich jetzt mit Suppe voll spritze.
KUKLOV Nein, das tust du nicht.
BOGADELNEV Warum sollte ich nicht?
KUKLOV Und warum willst du mich mit Suppe voll spritzen?
BOGADELNEV Du denkst wohl, weil du ein Prinz bist, kann man dich nicht mit Suppe voll spritzen?
KUKLOV Ja, das denke ich.
BOGADELNEV Und ich denke das Gegenteil.
KUKLOV Du denkst so und ich so!
BOGADELNEV Und auf dich kann ich pfeifen!
KUKLOV Und du hast keinerlei innere Haltung!
BOGADELNEV Und du hast eine Nase, die aussieht wie ein Trog!
KUKLOV Und du machst ein Gesicht, als wüsstest du nicht, wo du dich hinsetzen sollst.
BOGADELNEV Und du hast einen spindeldürren Hals!
KUKLOV Und du bist ein Schwein!
BOGADELNEV Und dir reiß ich gleich die Ohren ab!
KUKLOV Und du bist ein Schwein!
BOGADELNEV Ich reiß dir jetzt die Ohren ab!
KUKLOV Und du bist ein Schwein!
BOGADELNEV Schwein? Und was bist du?
KUKLOV Ich bin ein Prinz.
BOGADELNEV Du und ein Prinz!
KUKLOV Und was folgt daraus, dass ich ein Prinz bin?
BOGADELNEV Dass ich dich jetzt mit Suppe voll spritze!
usw.

(Spor, e. 20. November 1933; Übertr. Peter Urban, 1990)

Kuklov – russ. kúkla: die Puppe;   *Bogadelnev* – russ. bogadél'nja: das Armenhaus

Volker Ludwig *Linie 1. Musikalische Revue*

| Ein Mädchen kommt vom Land in die Großstadt Berlin, um bei ihrem Traummann zu leben. Der ist Rocksänger und hat ihr jüngst bei einem Konzert Liebe geschworen, was nicht ohne Folgen geblieben ist. Sie hofft auf das große Glück. Auf der Suche nach ihrem ›Prinzen‹ begegnet sie in der U-Bahn Menschen, die ihr helfen, sich zurechtzufinden. Sie erfährt Schicksale, tragische und lebensfrohe, ausgeflippte und nachdenklichere. Auch wegen Maria, Kleister und Bambi sieht sie am Ende die Welt ein wenig wacher. Und was den ›Prinzen‹ betrifft – es kommt meist doch anders als gedacht. |

13. BILD
U-BAHN INNEN

Der Zug hält immer noch. Es sitzen bereits ein Paar und eine ältere Frau mit Paket. Das Mädchen, Maria und der Junge im Mantel kommen hinzu.

MARIA *zum Jungen, um ihn loszuwerden* So, wir müssen jetzt zum Zoo – *zum Mädchen* Mensch, wann fährst'n endlich weiter –!
MÄDCHEN *zum Jungen* Kommst du mit?
JUNGE *froh* Bis ans Ende der Welt, Ma-m.
MÄDCHEN Bist du ganz alleine?
JUNGE Alleine ist jeder. Ich bin frei. Ohne Bindung – und ohne einen lausigen Cent.
SIE Sag mal, hast du was?
ER Nein.
SIE Du hast doch irgendwas –!
ER Nein. Was sollte ich denn haben?
SIE Das frag ich dich doch grade!
ER Ich hab nichts und Schluss.
SIE Du willst es mir also nicht sagen!
JUNGE *beobachtend, leise* Jetzt muss er die Kanone ziehn!
ER *weinerlich* Ich habe wirklich nichts!
JUNGE Aus. Jetzt ist er ein toter Mann.
MARIA Und warum rennste so blöd vakleidet rum?! Und warum verfolgste se wie – wie'n Taschendieb?! – *Zum Mädchen.* Ey! Vielleicht hat der ... *Mädchen zeigt ihr einen Vogel* ... war nur so 'ne Idee ... *Junge deutet wieder auf das Paar.*
SIE Hat es etwas mit mir zu tun?
ER Nein!
JUNGE *leise* Falsch!

Sie Sondern?
Junge Siehste –?
Er Ich hab nichts! Alles o. k.!
Sie Jetzt lüg nicht auch noch, du Feigling! Grad hastes zugegeben!
Er Was hab ich?!
Sie – dass du was hast, das nichts mit mir zu tun hat! *Er stöhnt.*
Junge Wunderbar.
Mädchen Warum bist du mir so blöde hinterhergeschlichen?!
Junge *verlegen* Ich – schreib so Geschichten – und die fallen mir ein, wenn ich Leute beobachte ... Und wie ich dich gesehn hab – ist meine Phantasie fast durchgedreht ...
Maria Aber zum Anquatschen hat de Phantasie nich jereicht, wa?!
Junge Darauf wär ich nie gekommen – dann wär's ja vorbei mit der Phantasie. Die Wirklichkeit ist meistens eine Enttäuschung. *Lächelnd.* Meistens.
Er Tut mir ja leid für dich, aber ich habe nichts.
Sie Warum bist du denn so aggressiv?!
Er Ich bin nicht aggressiv!! – Ich hab nur deine Fragerei satt!!
Junge *gespannt, leise* Na –?
Sie Du liebst mich nicht mehr.
Junge Wunderbar ...
Er Das hat doch damit nichts zu tun!!
Mädchen Schreibst du auch Gedichte?
Junge *schüttelt den Kopf* Du –? *Sie nickt.* Nee, Gedichte, das is mir zu gefährlich, ich beschreib lieber andere Menschen.
Mädchen Und was ist mit deiner Verkleidung?
Junge Alles Tarnung ... ich hatte mal 'ne Zeit, da hab ich mich kaum aus der Wohnung getraut –
Maria Siehste –?
Junge – da war die Nummer mit dem Verkleiden ein guter Trick, fühlst dich sicherer, bist'n anderer – andere Leute spielen ja auch Theater, die wissen es nur nicht so.
Eine Türkin kommt rein und stellt sich in die Nähe des Pärchens. Ein Mann setzt sich neben die ältere Frau.
Mann Endlich geht's weiter.
Frau Die brauchen ja erst'n neuen Zugführer!
Mann Wat?! Hamse den Zugführer überfahren?!
Frau Nee, nur so 'ne Drogensüchtige, aber dem Zugführer isses schon zum zweiten Mal in drei Wochen passiert, dass er'n Menschen zu Brei fährt. Der hat ausgesehen – wie der Tod auf Latschen.
Mann Kann wohl kein Blut sehen, der Mann!

FRAU Der kommt in die Klapsmühle!
MANN Alles von unsre Steuergelder!
MÄDCHEN Was die so reden –
MARIA Lasse doch quatschen …
SIE Na? Gefällt sie dir?
ER Was ist los?!
SIE Warum wirst'n so rot?
ER Sag mal, spinnst du –?
SIE Sprich sie doch an, statt ihr wie so'n Karpfen mit aufgerissenem Maul auf den Hintern zu stieren …
ER Die meinst du –? Bist du völlig verrückt geworden? Erstens hab ich ganz woanders hingeguckt, zweitens ist das nun überhaupt nicht mein Typ –
SIE Ach so! Du hast was gegen Ausländer!
ER Quatsch, im Gegenteil! Das hat überhaupt nichts damit – –
SIE Mensch, flirte doch ruhig! Hab ich nix dagegen! Is doch normal! Aber dann steh auch dazu, du Pfeife, statt rumzusabbern wie so'n Spanner und permanent zu lügen!
MÄDCHEN *zum Jungen, der sie immer wieder anstarrt* Was ist denn? Bin ich so 'ne Enttäuschung?
JUNGE Ich glaub immer noch, ich träume …

Bambi ist hereingestolpert, offenbar angetrunken, macht den Mann, die Frau und das Paar an.

BAMBI Toller Nachmittag, wat? Endlich mal was passiert! Wie Fernsehn! Ein filmreifer Sprung vor die U-Bahn –
SIE Was?!
ER Ach deshalb hat das so lang – –
BAMBI – und jede Menge glotzende Leichen! Allesamt tausendmal toter als der zermatschte Body auf'm Gleis!
MÄDCHEN Bambi!
BAMBI Jeder hat sie gehasst wie die Pest. Sie war zu lebendig! Eine Wahnsinns-Provokation für die ganzen toten Hosen! Also weg mit ihr! Auf'n Müll! Untern Zug! Eine weniger!!! Wat?!
MANN Dich hamse wohl mit'm Klammerbeutel gepudert, du perverse Sau!
BAMBI *packt ihn* Noch so'n Spruch und du kriegst was aufs Maul!
MÄDCHEN *stellt sich dazwischen* Merken Sie denn nicht, dass der völlig fertig ist? Müssense doch nicht so ernst nehmen –
BAMBI *packt ihn wieder* Einmal die Wahrheit gehört und schon dreht er durch!
MANN Die Wahrheit ist, dass die arbeitende Bevölkerung, det wir die

Leidtragenden sind! Jeden Monat passiert so 'ne Scheiße! Und denn ist für dreihundert Leute der Tag im Arsch! Stehste dir 'ne Stunde lang die Beene in'n Bauch, kommst zu spät zur Arbeit – oder nach Hause –
SIE Allerdings!
FRAU An unsereinen denkt nämlich keiner.
BAMBI Warum lügt ihr denn? Liebt ihr eure Arbeit? Und was wollt ihr zu Hause? Du *zum Mann* hast jetzt'n duften Grund, dich schon vorher vollzukippen, sie langweilt sich sowieso zu Tode, und bei euch *zum Paar* is doch egal, wo ihr euch ankotzt ...
ER Wo er recht hat, hat er recht. *Sie blickt entsetzt, er triumphiert.* Tja – –!
MÄDCHEN *zu Bambi* Du spinnst vielleicht –!
Frau, Mann und sie sprechen jetzt übereinander.
FRAU Die Jugend soll erstmal was leisten, eh se's Maul aufreißt und einen beleidigt! Wir haben Berlin aufgebaut nach dem Krieg, aus'n Trümmern, und jetzt kommt das arbeitsscheue Gesokse aus Westdeutschland, wo se sich vorm Wehrdienst drücken, um Berlin kaputtzumachen! Alles Westdeutsche!
MANN Ach, der endet sowieso im Knast! Wenn er nich schon drinne war! Frech, faul und unverschämt und denn noch Sprüche aus'm Osten kloppen! So einer kommt garantiert aus'm Osten!
SIE Die miese alte Chauvi-Masche! Geilt sich da am Selbstmord einer jungen Frau auf und wichst sich scheinprogressive Schoten auf Kosten anderer ab, nur um irgendwelchen kleenen Mädchen zu imponieren!
FRAU *wieder einzeln* Was haben wir mit dem Tod einer Drogensüchtigen zu tun. Das möcht ich mal wissen.
BAMBI Bist doch selber drogensüchtig ...
MANN So, jetzt verschwinde! Ab ab! Dalli! Eh hier noch'n Mord passiert! *Bambi zückt ein Klappmesser.* Ick kann ooch die Polizei holen!
MÄDCHEN *erschrickt fürchterlich* Bist du verrückt?! *Haut ihm spontan eine runter, er starrt sie fassungslos an.*
MARIA *zum Jungen* Mach doch was! Sag irgendwas! Bist doch'n Dichter!
JUNGE Bin ich gar nicht –!
MÄDCHEN *hat Bambi das Messer abgenommen* Wie geht'n das zu? *Er klappt es zu und steckt es wieder ein.*
MANN Ich zähle bis drei!
MÄDCHEN Komm –
JUNGE *todesmutig, stockend, dann zunehmend flüssig* Äh – Leute – hallo Leute, ich muss mal was sagen – das ist ganz wichtig –
MANN Wieso – brennt's hier? *Keiner lacht mit.*
JUNGE Ich hab das tote Mädchen gekannt. *An den Reaktionen von*

Maria, Bambi und dem Mädchen wird erkennbar, dass er spinnt bzw. ›dichtet‹. Die war gar nicht richtig drogensüchtig. *Bambi glaubt nicht recht zu hören.*
FRAU Dann war es Liebeskummer.
JUNGE Nein –
MANN Dann war sie krank –!
JUNGE Nein –
MANN Ich meine hier –! *Tippt sich an die Stirn.* 'n junger Mensch bringt sich doch sonst nicht um! Wo er alles noch vor sich hat –
ER Was denn? Was hat er denn vor sich?
FRAU Na ein gesichertes Leben! Wir haben gehungert nach'm Krieg, beim Steinekloppen!
JUNGE Das Mädchen hat ein Jahr lang vergeblich 'ne Stelle gesucht – – da fühlt man sich bald wie der letzte Dreck ...
MARIA Det kenn ick –!!
BAMBI Ey Alter, wen meinst'n du! Lumpi hat nie im Leben 'ne Stelle gesucht – *Das Mädchen hält ihm den Mund zu.*
JUNGE Mir ging's genauso, ich wollte auch schon Schluss machen ...
MANN Da stimmt doch was nicht! Wenn de wirklich hinterher bist, kriegste 'ne Lehrstelle. Man darf natürlich nicht so anspruchsvoll sein, heute.
ER Aha: Wer also Kindergärtnerin werden will, soll sich freuen, wenn er – sie – ihr Leben als Fleischerin auf'm Schlachthof verbringen darf. Hätten Sie sich so was gefallen lassen?
SIE Was haste denn nun wieder gegen Fleischerinnen?
JUNGE Es war was anderes. Jeder Mensch hat doch Träume. Im Krieg träumt man vom Frieden und beim Steinekloppen vom Aufbau. Du lebst für solche Träume, bis du alt bist. Aber wenn du von überhaupt nichts mehr träumen kannst, dann biste 'ne lebende Leiche.
BAMBI Ey, Alter, das sag ich doch! Is doch genau meine Rede! War natürlich nich so persönlich gemeint – schuldijung ... *Entschuldigt sich bei jedem einzelnen mit Handschlag, angefangen beim Jungen.*
JUNGE Das Mädchen – die hatte 'ne zu dünne Haut ...
MANN *haut dem sich entschuldigenden Bambi an den Oberarm* Mensch, Junge – ich hab ooch so een wie du – der will nur nischt mehr von mir wissen ...
JUNGE Sie hat sich nicht so langsam an die Grausamkeiten gewöhnt wie wir, sondern sie hat immer mehr Angst bekommen ...
Sie küsst Bambi beim Entschuldigen auf beide Backen.
FRAU Aber wenn die so war, wie Sie sagen, dünnhäutig, warum hat sie sich dann auf so grässliche Weise getötet? Das passt doch nicht, nich!

MARIA Na um – um – um uns zu schocken! Damit wir mal merken – wat wir eigentlich so treiben, Tach für Tach! – Schon, det wa jetzt hier – so alle zusammen – über se quatschen – ick gloobe, da freut se sich, wennse jetzt von oben zukiekt ... Ick hab so wat noch nie erlebt inne U-Bahn ...
MÄDCHEN Und du? Du hast doch die ganze Zeit von dir geredet ...
JUNGE Ich hab was entdeckt ... dass die ganzen fremden stummen Menschen um einen rum, dass die alle mal verdammt kleine Kinder waren und dass die alle nur verdammt geliebt werden wollen und dass die alle um ihr Leben verdammt beschissen werden, und zwar von Leuten, die du nie in der U-Bahn triffst ... Mann, und genau da draus müsste sich doch was machen lassen – und genau davon träum ich ...

Maria stößt einen Indianerschrei aus, den die Türkin überraschend erwidert.

MANN Mensch, Junge – ich habe auch so einen wie du – der will nur nischt mehr von mir wissen.
[...]   *(U. 1986 Berlin)*

Kurt Tucholsky *Ein Ehepaar erzählt einen Witz*

»Herr Panter, wir haben gestern einen so reizenden Witz gehört, den *müssen* wir Ihnen ... also, den *muss* ich Ihnen erzählen. Mein Mann kannte ihn schon ... aber er ist zu reizend. Also passen Sie auf.

Ein Mann, Walter, streu nicht den Tabak auf den Teppich, da! Streust ja den ganzen Tabak auf den Teppich, also ein Mann, nein, ein Wanderer verirrt sich im Gebirge. Also, der geht im Gebirge und verirrt sich, in den Alpen. Was? In den Dolomiten, also nicht in den Alpen, ist ja ganz egal. Also er geht da durch die Nacht und da sieht er ein Licht und er geht grade auf das Licht zu ... lass mich doch erzählen! das gehört dazu! ... geht drauf zu und da ist eine Hütte, da wohnen zwei Bauersleute drin. Ein Bauer und eine Bauersfrau. Der Bauer ist alt und sie ist jung und hübsch, ja, sie ist jung. Die liegen schon im Bett. Nein, die liegen noch nicht im Bett ...«

»Meine Frau kann keine Witze erzählen. Lass mich mal. Du kannst nachher sagen, obs richtig war. Also nun werde ich Ihnen das mal erzählen.

Also, ein Mann wandert durch die Dolomiten und verirrt sich. Da kommt er – du machst einen ganz verwirrt, so ist der Witz gar nicht! Der Witz ist ganz anders. In den Dolomiten, so ist das! In den Dolomiten wohnt ein alter Bauer mit seiner jungen Frau. Und die haben gar nichts mehr zu essen; bis zum nächsten Markttag haben sie bloß noch eine Konservenbüchse mit Rindfleisch. Und die sparen sie sich auf. Und da kommt

… wieso? Das ist ganz richtig! Sei mal still …, da kommt in der Nacht ein Wandersmann, also da klopft es an der Tür, da steht ein Mann, der hat sich verirrt und der bittet um Nachtquartier. Nun haben die aber gar kein Quartier, das heißt, sie haben nur ein Bett, da schlafen sie zu zweit drin. Wie? Trude, das ist doch Unsinn … Das kann sehr nett sein!«

»Na, ich könnte das nicht. Immer da einen, der – im Schlaf strampelt …, also ich könnte das nicht!«

»Sollst du ja auch gar nicht. Unterbrich mich nicht immer.«

»Du sagst doch, das wär nett. Ich finde das nicht nett.«

»Also …«

»Walter! Die Asche! Kannst du denn nicht den Aschbecher nehmen?«

»Also … der Wanderer steht da nun in der Hütte, er trieft vor Regen und er möchte doch da schlafen. Und da sagt ihm der Bauer, er kann ja in dem Bett schlafen, mit der Frau.«

»Nein, so war das nicht. Walter, du erzählst es ganz falsch! Dazwischen, zwischen ihm und der Frau – also der Wanderer in der Mitte!«

»Meinetwegen in der Mitte. Das ist doch ganz egal!«

»Das ist gar nicht egal … der ganze Witz beruht ja darauf.«

»Der Witz beruht doch nicht darauf, wo der Mann schläft!«

»Natürlich beruht er darauf! Wie soll denn Herr Panter den Witz verstehen … lass mich mal – ich werd ihn mal erzählen! – Also der Mann schläft, verstehen Sie, zwischen dem alten Bauer und seiner Frau. Und draußen gewittert es. Lass mich doch mal!«

»Sie erzählt ihn ganz falsch. Es gewittert erst gar nicht, sondern die schlafen friedlich ein. Plötzlich wacht der Bauer auf und sagt zu seiner Frau – Trude, geh mal ans Telefon, es klingelt. – Nein, also das sagt er natürlich nicht … Der Bauer sagt zu seiner Frau … Wer ist da? Wer ist am Telefon? Sag ihm, er soll später noch mal anrufen – jetzt haben wir keine Zeit! Ja. Nein. Ja. Häng ab! Häng doch ab!«

»Hat er Ihnen den Witz schon zu Ende erzählt? Nein, noch nicht? Na, erzähl doch!«

»Da sagt der Bauer: Ich muss mal raus, nach den Ziegen sehn – mir ist so, als hätten die sich losgemacht, und dann haben wir morgen keine Milch! Ich will mal sehen, ob die Stalltür auch gut zugeschlossen ist.«

»Walter, entschuldige, wenn ich unterbreche, aber Paul sagt, nachher kann er nicht anrufen, er ruft erst abends an.«

»Gut, abends. Also der Bauer – nehmen Sie doch noch ein bisschen Kaffee! – Also der Bauer geht raus, und kaum ist er raus, da stupst die junge Frau …«

»Ganz falsch. Total falsch. Doch nicht das erste Mal! Er geht raus, aber sie stupst erst beim dritten Mal – der Bauer geht nämlich dreimal raus –

das fand ich so furchtbar komisch! Lass mich mal! Also der Bauer geht raus, nach der Ziege sehn, und die Ziege ist da; und der kommt wieder rein.«

»Falsch. Er bleibt ganz lange draußen. Inzwischen sagt die junge Frau zu dem Wanderer –«

»Gar nichts sagt sie. Der Bauer kommt rein ...«

»Erst kommt er nicht rein.«

»Also ... der Bauer kommt rein, und wie er eine Weile schläft, da fährt er plötzlich aus dem Schlaf hoch und sagt: Ich muss doch noch mal nach der Ziege sehen – und geht wieder raus.«

»Du hast ja ganz vergessen zu erzählen, dass der Wanderer furchtbaren Hunger hat!«

»Ja. Der Wanderer hat vorher beim Abendbrot gesagt, er hat so furchtbaren Hunger und da haben die gesagt, ein bisschen Käse wäre noch da ...«

»Und Milch!«

»Und Milch, und es wäre auch noch etwas Fleischkonserve da, aber die könnten sie ihm nicht geben, weil die eben bis zum nächsten Markttag reichen muss. Und dann sind sie zu Bett gegangen.«

»Und wie nun der Bauer draußen ist, da stupst sie den, also da stupst die Frau den Wanderer in die Seite und sagt: Na ...«

»Keine Spur! Aber keine Spur! Walter, das ist doch falsch! Sie sagt doch nicht: Na ...!«

»Natürlich sagt sie: Na ...! Was soll sie denn sagen?«

»Sie sagt: Jetzt wäre so eine Gelegenheit ...«

»Sie sagt im Gegenteil: Na ... und stupst den Wandersmann in die Seite ...«

»Du verdirbst aber wirklich jeden Witz, Walter!«

»Das ist großartig! Ich verderbe jeden Witz! Du verdirbst jeden Witz – ich verderbe doch nicht jeden Witz! Da sagt die Frau ...«

»Jetzt lass mich mal den Witz erzählen! Du verkorkst ja die Pointe ...!«

»Also jetzt mach mich nicht böse, Trude! Wenn ich einen Witz anfange, will ich ihn auch zu Ende erzählen ...«

»Du hast ihn ja gar nicht angefangen ... ich habe ihn angefangen!« – »Das ist ganz egal! – jedenfalls will ich die Geschichte zu Ende erzählen; denn du kannst keine Geschichten erzählen, wenigstens nicht richtig!« – »Und ich erzähle eben meine Geschichte nach meiner Art und nicht nach deiner, und wenn es dir nicht passt, dann musst du eben nicht zuhören ...!« – »Ich will auch gar nicht zuhören ... ich will sie zu Ende erzählen – und zwar so, dass Herr Panter einen Genuss von der Geschichte hat!« – »Wenn du vielleicht glaubst, dass es ein Genuss ist, dir zuzuhören ...« – »Trude!« – »Nun sagen Sie, Herr Panter – ist das auszuhalten! Und so nervös ist er schon die ganze Woche ... ich habe ...« – »Du bist ...« – »Deine Unbeherrschtheit ...« – »Gleich wird sie sagen: Komplexe! Deine Mutter nennt das einfach schlechte Erziehung ...« – »Meine Kinderstube ...!« – »Wer hat denn die Sache beim Anwalt rückgängig gemacht? Wer denn? Ich vielleicht? Du! Du hast gebeten, dass die Scheidung nicht ...« – »Lüge!« – Bumm: Türgeknall rechts. Bumm: Türgeknall links.

Jetzt sitze ich da mit dem halben Witz.

Was hat der Mann zu der jungen Bauersfrau gesagt?

(1931)

III Dramatische Texte in Auswahl

Sophokles *Philoktet*

| Kurz nach dem Aufbruch in den Trojanischen Krieg wird Philoktet von einer Schlange gebissen, was eine so übelriechende Wunde verursacht, dass ihn seine griechischen Gefährten auf der Insel Lemnos aussetzen. Nach Jahren wird klar: Troja zu erobern braucht es den wunderbaren Bogen des Herakles mit den unfehlbaren Pfeilen. Den besitzt Philoktet. Also begibt sich Odysseus auf den Weg nach Lemnos. Weil Philoktet ihn kaum jubelnd empfangen wird, benutzt er Neoptolemos für eine List. |

PERSONEN
Odysseus *Sohn des Laërtes*
Neoptolemos *Sohn des Achilleus*
Philoktet *Sohn des Poias*
Chor der fünfzehn Seeleute des Neoptolemos

Der Schauplatz ist eine öde Felsküste der Insel Lemnos im nördlichen Ägäischen Meer.

Odysseus und der junge Neoptolemos treten auf, gefolgt von einem Diener.

ODYSSEUS Es war an diesem ringsumspülten Inselstrand
  Auf Lemnos, den kein Mensch betritt, wo niemand wohnt:
  Hier, Kind des Trefflichsten der Griechen, Spross Achills,
  Mein Neoptolemos, hab ich den Poiassohn,
  Den Mann aus Malis, Philoktet, einst ausgesetzt.
  Ich musst es auf Befehl der Oberherren tun,
  Denn Gift zerfraß ihm, dass der Eiter troff, den Fuß.
  Kein Spendenguss, kein Opferwerk blieb ungestört,
  Wild schrie er übers Lager hin, 's war nicht Gebet,
  Nur Brüllen, Stöhnen! … Wozu Worte? Ist doch jetzt
  Zu langen Reden nicht der Augenblick: er merkt
  Sonst noch mein Kommen; dann zerrinnt der Plan in nichts,
  Durch den ich ihn zu fangen denk in kurzer Zeit.
  Nun kommt's auf dich an, dass du mir behilflich bist!
  Such den durchbohrten Felsen mit dem Höhlenloch,

Wo man im Winter Sonne hat von Ost und West
Und nicht zu kalt sitzt, während dort zur Sommerszeit
Ein Wind den hohlen Raum durchweht und Schlummer bringt.
Ein wenig tiefer, links davon, siehst du vielleicht
Quellwasser springen, ist der Born noch nicht versiegt.
Geh gleich und lass mich leise wissen, ob er noch
Am selben Ort wohnt oder wo er sonst sein mag!
Das Übrige, was dann noch zu erklären bleibt,
Hörst du danach von mir; gemeinsam gehn wir vor.
NEOPTOLEMOS Mein Fürst Odysseus, keiner langen Müh bedarf's:
Die Grotte, wie du sie beschreibst, glaub ich zu sehn.
ODYSSEUS Muss man hinauf? hinab? Ich kenne mich nicht aus.
NEOPTOLEMOS Da oben! und von Schritten nicht das Leiseste.
ODYSSEUS Sieh, ob er nicht im Freien Mittagsruhe hält!
NEOPTOLEMOS Leer find ich die Behausung, ohne Menschenspur.
ODYSSEUS Auch hergerichtet wie zum Wohnen siehst du nichts?
NEOPTOLEMOS Doch! plattgestampfte Laubstreu, wie um drauf zu ruhn.
ODYSSEUS Und alles sonst verlassen? nichts enthält der Raum?
NEOPTOLEMOS Ein Trinkgefäß, aus Holz gefertigt, schlecht geschnitzt
  Von einem, der es nicht versteht … Auch Zunder, hier!
ODYSSEUS Das kann nur s e i n e Habe sein, die du beschreibst.
NEOPTOLEMOS Ah! und zum Trocknen ausgelegt in heiße Luft
  Tuchfetzen, mit geschwürigem Eiter voll getränkt.
ODYSSEUS Kein Zweifel! hier in dieser Gegend haust der Mann.
  Und weit sein kann er nicht: bezwänge wohl ein Mensch,
  Den altes Siechtum heimsucht, einen langen Weg?
  Mag sein, dass er umherirrt und sich Nahrung sucht,
  Vielleicht auch Heilkraut, das ihm seine Schmerzen stillt.
  So sende denn als Späher deinen Diener aus,
  Dass er mich nicht von hinten anfällt! Er bekäme mich
  So gern wie keinen Griechen sonst in seine Hand.
Der Diener macht sich auf den Weg.
NEOPTOLEMOS Auf seinen Posten schon begibt er sich zum Schutz.
  So komm nun zu dem zweiten, das du sagen willst!
ODYSSEUS Achilleussohn, die Sache fordert, dass du dich
  Als edelbürtig nicht an Wuchs allein erweist,
  Nein, auch – wenn du ein Neues, Nievernommnes hörst! –
  An H i l f s b e r e i t s c h a f t, denn zum Helfen stehst du hier.
NEOPTOLEMOS Und was verlangst du?
ODYSSEUS Dass du Philoktets Gemüt
  Mit Worten, die du finden musst, betrügen sollst!

Wenn er dich ausfragt, wer du bist, woher du kommst,
Nenn dich – soweit noch kein Betrug! – den Sohn Achills!
Du seiest auf der Heimfahrt, hättst das Griechenheer
Zu Schiff verlassen, bitterböser Feindschaft voll,
Weil sie dich flehentlich von Hause holten, n u r
Von d i e s e m Mittel Trojas Fall erwarteten,
Doch dann Achilleus' Waffen dir verweigerten,
Auf die du Anspruch machtest, denn es war dein Recht.
Stattdessen hab Odysseus sie erhalten. M i c h
Mach schlecht nach Kräften, lass kein gutes Haar an mir!
Du tust mir ganz und gar nicht weh. Doch leistest du
Den Dienst nicht, tust du a l l e n Griechen Kummer an.
Denn kommt der Bogen Philoktets uns nicht zur Hand,
Unmöglich, dass du das Trojanerreich zerstörst!
Verstehe nun, was m i r verwehrt ist, doch nicht dir:
Es ist das sichre, ruhige Gespräch mit ihm!
Du schwurest keinen Eid, freiwillig fuhrst du her,
Und mit der ersten Ausfahrt hast du nichts zu tun;
Von mir ist alles dieses nur zu gut bekannt.
Sieht er mich also, während er den Bogen trägt,
Ist's aus mit mir, und in den Tod reiß ich auch dich.
Erklügeln muss man darum eine List, die dich
Zum Herrn der Waffe macht, der keiner widersteht.
Schon gut, ich weiß, Kind, dass du nicht geboren bist
Zu solcher Sprache, solcher argen Künstelei.
Und doch: die Frucht des Sieges mundet gar zu süß,
Drum wag's! – rechtfert'gen lassen wir uns hinterher.
Für ein paar Stunden tue jetzt die Scham beiseit,
Ergib dich m i r ! in Zukunft bleibt dir darum doch
Der Ruhm, dass du als frömmster aller Menschen giltst!
NEOPTOLEMOS Sohn des Laërtes, jedesmal, wenn mir ein Rat
  Zuwider ist, hab ich auch Abscheu vor der Tat.
  Aus Arglist handeln – das ist m e i n e m Wesen fremd
  Wie dem des Mannes, dem ich danke, dass ich bin.
  Gern mit Gewalt! wir bringen o h n e List ihn fort.
  Er steht ja nur auf e i n e m Fuß, wie kann er da
  Die große Schar der Unsern überwältigen!
  Wohl fürcht ich mich, statt als dein Helfer, dazustehn
  Als dein Verräter, Fürst! doch ist mir Misserfolg
  Mit saubren Händen lieber als unsaubrer Sieg.
ODYSSEUS Rechtschaffnen Vaters Sohn, auch ich war einmal jung,

Verließ mich lieber auf die Faust als auf den Mund.
Die Zeit bewies mir: überall im Leben gibt
Der Mund und nicht, was einer tut, die Richtung an.
NEOPTOLEMOS Und w a s heißt du mich reden, was nicht Lüge wär?
ODYSSEUS Brauch List, sag ich, und du eroberst Philoktet!
NEOPTOLEMOS Wie? List? statt dass er mir aus Überzeugung folgt?
ODYSSEUS Dir folgt? O nein! Und auch mit Zwang erreichst du nichts.
NEOPTOLEMOS Traut er so ungeheuer kühn der eignen Kraft?
ODYSSEUS Den Todespfeilen traut er, die unfehlbar sind.
NEOPTOLEMOS Wär's dann nicht allzu kühn, dem Mann auch nur zu nahn?
ODYSSEUS Kommt man mit List ihm bei, dann nicht! Das meine i c h.
NEOPTOLEMOS Ist's wirklich deine Meinung, Lüge schände nicht?
ODYSSEUS Nicht, wenn der Weg zur Rettung über Lügen führt!
NEOPTOLEMOS Wie sieht man dem ins Auge, den man frech belügt?
ODYSSEUS Wenn, was du tust, Gewinn erzielt, ist Scheu verkehrt.
NEOPTOLEMOS Gewinn? für mich? wenn dieser Mann gen Troja fährt?
ODYSSEUS Ja! nur sein Pfeil und Bogen bringt die Stadt zu Fall.
NEOPTOLEMOS Ihr sagtet doch, Zerstörer Trojas werde i c h?
ODYSSEUS Nicht ohne jene Waffe – sie nicht ohne dich!
NEOPTOLEMOS Sie zu erbeuten lohnt sich wohl, steht's wirklich so!
ODYSSEUS Vollbringst du's, trägt dir's doppelte Begnadung ein.
NEOPTOLEMOS Die wäre? Weiß ich's, reift vielleicht in mir die Tat.
ODYSSEUS »So klug wie tapfer« heißt dann du, der e i n e Mann.
NEOPTOLEMOS Auf denn! ich will es tun! hinweg mit aller Scham!
ODYSSEUS Und du behältst auch gut, was ich dir angesagt?
NEOPTOLEMOS Ja, ein für alle Mal hab ich dir zugesagt!
ODYSSEUS So warte du denn hier und nimm ihn in Empfang!
Ich gehe fort, damit kein Auge mich erblickt.
Und unsern Späher send ich gleich zum Schiff zurück.
Doch wieder hierher – wenn mir scheint, ihr säumt zu lang –
Will ich von neuem schicken ebendiesen Mann,
Verkleidet kommt er dann zurück, in Lotsentracht,
So täuschend, dass er nicht mehr zu erkennen ist.
Und wie gewandt er auch erzählen wird, mein Kind,
Entnimm aus jeder Wendung, was der Sache dient!
Ich geh zum Schiff: das weitre übergeb ich dir.
Es führ uns Hermes, Gott der List und des Geleits,
Und Siegerin Athena, Göttin meiner Stadt,
Die gleiche, die mich selber fort und fort erhält!
Odysseus ab.

Einzug des Chores
Wechselgesang

CHOR *Erste Strophe*
O Herr, was soll ich, in der Fremde fremd, vor ihm
Verhülln
Oder enthülln
Vor seinem Argwohn?
Lehre mich's!
An Kunst
Und an Urteil zuhöchst
Steht, wem Zeus die göttliche Herrscherwürde
Mitsamt Zepter verliehen hat.
Und du, mein Kind, du ererbtest ja
Allmacht aus ältesten Zeiten! So sage mir:
Wie hab ich dir zu dienen?

NEOPTOLEMOS Jetzt magst du nur ruhig – du willst es vielleicht –
Den Ort hier oben, den er bewohnt,
Genau betrachten; doch wenn er kommt,
Der schreckliche Wandrer, verlass den Platz!
Dann halte dich immer mir nah zur Hand
Und suche, wie's kommt, mir zu helfen!

CHOR *Erste Gegenstrophe*
Am Herzen liegt mir längst, was d u ans Herz mir legst,
Mein Fürst:
Wachsam zu spähn
Zu d e i n e m Besten.
Aber jetzt
Zu ihm:
Welch ein Obdach ist sein?
Welcher Platz? O gib mir Bescheid! 's ist dringend!
Ich m u s s wissen, was ist! Mir droht
Von ihm sonst heimlicher Überfall.
Spuren des Sitzens, der Schritte, wo sind sie wohl,
Sag, drinnen oder draußen?

NEOPTOLEMOS Hier siehst du sein Haus: zwei Luken, im Loch
Das steinige Bett.
CHORFÜHRER Und wo ist er selber, der Unglücksmann?

NEOPTOLEMOS Die Nahrungsnotdurft treibt ihn gewiss,

Auf der Suche denk ich mir ihn, ganz nah.
Sein Leben fristet er kummervoll
Vom kümmerlichen Gewinn der Jagd
Mit gefiederten Pfeilen, und niemand kommt
Zu ihm mit Arznei,
Die Heilung dem Leidenden brächte.

CHOR   *Zweite Strophe*
Mitleid fühl ich mit ihm: es sorgt
Keine Seele für ihn, er schaut
Keinem Menschen vertraut ins Aug,
Ewig einsam im Unglück.
Er siecht,
Opfer des grimmen Gifts,
Er schwankt
Hilflos in jeder Not.
Wie erträgt er es nur
Und widersteht
Schrecklichem Schicksal noch?
Götter, was tut ihr da?!
Unglückseliges Menschenvolk,
Wenn das Leben zu lang wird!

Zweite Gegenstrophe
Er, der Vornehmsten einer wohl,
Den kein anderer übertrifft,
Alles hat er verloren, fern,
Abgesondert verkommt er.
Gefleckt
Oder in strupp'gem Fell
Getier
Rings um den Jammernden,
Der in Hunger und Schmerz
Ängste durchlebt,
Schwere, unheilbare.
Echo, mit Schwätzermund
Stets bereit, wiederholt von fern
Seine bittere Klage.

NEOPTOLEMOS   Erstaunen kann ich darüber nicht:
Der Schlangenbiss traf ihn – versteh ich's recht –
Durch göttlichen Fluch, den Chryse wild,

Die verschmähte Nymphe, ihm nachgesandt.
Und wenn er nun ohne Betreuer sich quält,
So hat auch dies ein Gott ihm verhängt,
Damit er den Bogen, das Göttergeschenk,
Das unüberwindliche, eher nicht
Gegen Troja spanne, bevor die Zeit
Heran ist, für die geweissagt: »Die Stadt
Wird d i e s e n Pfeilen e r l i e g e n.«
Von weitem ertönt ein lautes Stöhnen.

CHOR *Dritte Strophe*
  Schweig stille, mein Sohn!
NEOPTOLEMOS Stille? warum?
CHOR Ein Laut drang her,
  Wie er menschliche Pein
  Meistens begleitet.
  Hier war's! Oder war's eher dort?
  Da horch: vollkommen der Ton
  Eines, der sich schleppt wie gezwungen!
  Noch fern, doch nicht zu verkennen
  Das tiefe Heulen der Stimme!
  Schmerzensmann! es ist deutlich s e i n
  Wehruf!
Die Stimme kommt näher und wird stärker.

CHOR *Dritte Gegenstrophe*
  Gedenke nun, Kind …!
NEOPTOLEMOS Sag doch!
CHOR Es drängt die neue Pflicht!
  Nicht weitab ist der Mann,
  Nein, in der Nähe!
  Diesen Klang hat die Flöte nicht,
  Wenn Schäfers Klage sie bläst.
  Eher zwang ein Stoß an den Fuß ihn
  Zum fernhindringenden Aufschrei.
  Vielleicht auch sah er am öden
  Strand das Schiff? O wie laut er brüllt! Schrecklich!

Philoktet humpelt auf die Bühne.

PHILOKTET Ihr Fremden, oh!
  Zu diesem hafenlosen, unbewohnten Land
  Habt ihr das Schiff gerudert? und wer seid ihr denn?

Von welcher Heimat stammt ihr wohl? von welchem Volk?
Kann ich's erraten? Nach der Kleidung wäret ihr
Aus meinem Hellas, dem so sehr geliebten Land.
Doch will ich erst die Sprache hören … Keine Furcht!
O nein, erschreckt nicht vor dem ganz Verwilderten,
Bedauert eher einen, der in Not, allein,
Verlassen, freundlos leben muss! Er ruft euch an,
So sprecht zu ihm, gesetzt dass ihr als Freunde kommt!
Ach gebt doch endlich Antwort! Weder dürft ich euch
Vergebens darauf warten lassen noch ihr mich.
[…]
(Philoktētēs, U. 409 v. Chr.; Übertragung Rudolf Schottlaender, 1966)

Heiner Müller *Philoktet*

| Hatte sich bei Sophokles am Schluss Herakles von oben, als Göttererscheinung, in das Geschehen eingemischt, um die Dinge zu aller Wohlgefallen zu befördern, kann Heiner Müller das Stück mit der Erfahrung des 20. Jahrhunderts nur tragisch enden lassen. |

Küste.
Odysseus, Neoptolemos.

ODYSSEUS Das ist der Platz, Lemnos. Hier, Sohn Achills
  Hab ich den Mann aus Melos ausgesetzt
  Den Philoktet, in unserm Dienst verwundet
  Uns nicht mehr dienlich seitdem, Eiter drang
  Aus seiner Wunde stinkend, sein Gebrüll
  Kürzte den Schlaf und gellte misslich in
  Das vorgeschriebne Schweigen bei den Opfern.
  Der Berg ist sein Quartier, sein Grab nicht, hoff ich
  Ein Loch, vom Wasser in den Fels gewaschen
  In langer Arbeit, als der Fisch bewohnte
  Was wir mit trockner Sohle jetzt begehn.
  Ein Quell davor. Wenn zehn Jahr einen Quell nicht
  Austrocknen. Such mir seine Wohnung. Dann
  Hör meinen Plan und was dabei dir zufällt.
NEOPTOLEMOS Dein Auftrag führt nicht weit.
ODYSSEUS Leer?
NEOPTOLEMOS Eine Laubstreu.

Aus rohem Holz ein Trinknapf. Feuersteine.
Lumpen, zum Trocknen an den Wind gehängt
Mit schwarzem Blut.
ODYSSEUS Die Wunde immer noch.
Er kann nicht weit gehn mit dem alten Schaden
Sucht Nahrung oder Grünzeug, das den Schmerz dämpft.
Sorg, dass er uns nicht anfällt, lieber ja
Als irgendeinem gibt er mir den Tod.
NEOPTOLEMOS Mit Grund. Du warst das Eisen, das ihn abschnitt.
ODYSSEUS Sei du das Netz, mit dem ich ihn zurückfang.
NEOPTOLEMOS Dein Wort hat weite Maschen. Was verlangst du?
ODYSSEUS Dass du in unsrer Sache dich nicht schonst.
NEOPTOLEMOS Das Leben zu behalten leb ich nicht.
ODYSSEUS Noch andres, das dir mehr sein mag als Leben.
Schwatz ihm den Bogen aus der Hand, mit Pfeilen
Schickt er mein Wort zurück in meinen Mund
Du hattest keine Hand in seinem Unglück
Nicht dein Gesicht auf unsern Schiffen sah er
Leicht mit gespaltner Zunge fängst du ihn
Leicht schleppen wir aufs Schiff den Waffenlosen.
NEOPTOLEMOS Zum Helfer bin ich hier, zum Lügner nicht.
ODYSSEUS Doch braucht es einen Helfer hier, der lügt.
NEOPTOLEMOS Vielleicht kann Wahrheit mehr.
ODYSSEUS Bei dem nicht unsre.
NEOPTOLEMOS Was kann er gegen zwei auf einem Fuß?
ODYSSEUS Solang er seinen Bogen hat, zu viel.
NEOPTOLEMOS Lass uns mit Pfeilen kreuzen seinen Pfeil.
ODYSSEUS Wer folgt dem toten Feldherrn in die Schlacht?
NEOPTOLEMOS Der Pfeil auf unsrer Sehne hält vielleicht
Im Köcher seinen Pfeil.
ODYSSEUS Mehr als sein Leben
Gilt unser Tod ihm und kein Leben ist
Auf Lemnos, das der Krieg nicht braucht vor Troja.
NEOPTOLEMOS *wirft seinen Speer weg*
Mit nackten Händen zieh ich ihn aufs Schiff.
ODYSSEUS *nimmt den Speer auf*
Sei, wo du willst, kühn, klug brauch ich dich hier
Und wenig nütz ist mir des Toten Schläue.
Lern das von mir, eh dich sein Pfeil belehrt.
Dein letzter Gang wärs, Narr, ließ ich dich gehn.
NEOPTOLEMOS Lass mir den Gang, so lass ich dir die Furcht.

ODYSSEUS   Wenn du noch einen Schritt gehst, nagl' ich dich
   Mit deinem eignen Speer an diese Insel.
   Und Herakles erscheint dir nicht wie dem
   Den der beraubte Gott an sein Gebirg schlug
   Zu dauernder Gesellschaft seinen Vögeln
   Nicht von der Art, die nachwächst, ist dein Fleisch
   Dich werden ganz vom Stein die Geier pflücken.
NEOPTOLEMOS   Viel hohen Mut dem Waffenlosen zeigst du.
ODYSSEUS   Ich zeig dir, was der Waffenlose kann.
NEOPTOLEMOS   Mit meinem Speer. Und nicht zum ersten Mal
   Seh ich in deinen Händen meins, geschickt
   Zum Diebstahl, und an mir besonders, sind die.
   Mit Recht nicht trägst du, was mein Vater trug
   Als er noch Hände hatte, sie zu brauchen
   Das viel beschriene Erz, die narbige Stierhaut.
   Gib mir von meinen Speeren einen wieder
   Ich zeig dir, was ich kann mit einem Speer.
ODYSSEUS   Zeig mirs zu andrer Zeit am andern Ort.
   Auch hab ich deinen Speer schon rot gesehn
   Und zweifle nicht an deiner Kunst im Schlachten.
   Ich brauch dich lebend und noch brauchst du mich so.
   Mit tausend Speeren ist mein Speer begabt
   Vom Zufall der Geburt, mit tausend deiner
   Und tausend Speere sind mit dem behalten
   Oder verloren, wenn du mir versagst.
   Das wars, warum ich dich nach Troja schleppte
   Von Skyros weg, eh du das Leben schmecktest
   Nach deines Vaters uns zu zeitigem Tod
   Als seine Mannschaft weigerte die Schlacht
   Auf seinem Hügel saufend seinen Wein
   Und seine Weiber teilend, lang entbehrt
   Das eine wie das andre überm Schlachten
   Für seinen Ruhm und Mehrung seiner Beute.
   Wer hat ihm Hektor auf den Speer gesteckt?
   Wir brauchten dich, sie in die Schlacht zu haun
   Wie wir den brauchen jetzt für seine Mannschaft.
   Nicht deinen Arm, zum Schlachten ungeschickt
   Nicht seinen Arm, allein uns wenig brauchbar
   Denn williger geht der Mann in seinem Blut
   Unter dem Fuß, der kommt im heimischen Leder.
   Dein Erbe trag ich nicht zu meinem Ruhm

Sondern im Kampf um deines Vaters Leichnam
Sterbend für Totes, ging das meiste Blut
Aus meiner Mannschaft und die Narben brannten.
Und brennen nicht mehr, seit sie mich behängt sehn
Mit deinem Erz zum Lohn für ihre Wunden.
Setz ich den Fuß aufs Festland, ohne den
Kehrt seine Mannschaft unserm Krieg den Rücken
Der Troer wäscht sich weiß mit unserm Blut
Mästet mit unserm Fleisch die heimischen Geier.
Zum Dieb und Lügner bist du schlecht begabt
Ich weiß es. Süß aber, Sohn Achills, ist der Sieg.
Drum einen Tag lang, länger brauchts nicht, schwärz
Die Zunge, dann in Tugend, wie du willst
Solang sie dauert, leb du deine Zeit.
Ins Schwarze gehn wir alle, weigerst dus.

NEOPTOLEMOS Aus faulem Grund wächst wohl ein Gutes nicht.
ODYSSEUS Eins ist der Grund, ein andres ist der Baum.
NEOPTOLEMOS Den Baum nach seiner Wurzel fragt der Sturm.
ODYSSEUS Den Wald nicht fragt er.
NEOPTOLEMOS Den das Feuer frisst.
ODYSSEUS Oder, den Grund umgrabend ganz, die Flut.
Am dritten stirbt das andre, was kommt, geht
Und weitres reden wir auf Trojas Trümmern.
NEOPTOLEMOS Hätt ich kein Ohr für dich und keine Sprache.
Sag mir die Lügen, die ich sagen muss.
ODYSSEUS Dein Speer. In allem brauchst du nicht zu lügen.
Sei, der du bist, Achills Sohn, ersten Schwerts
Vor Troja, bis in sein zu kühnes Fleisch
Der Weiberdieb den Pfeil gepflanzt hat, Paris.
Dann lüg: Heim fährst du, deine Segel füllt
Hass gegen uns, Hass gegen mich besonders
Wir riefen dich nach Troja in den Ruhm
Als deines Vaters Asche noch nicht kalt war
Weil die vieljährige Belagerung stockte
Durch die zu tiefe Trauer seiner Truppen
Du kamst und in die Schande wars, dein Erbe
Achills, des laut beweinten, Schild, Schwert, Speer
Weigerten wir deinem gerechten Anspruch
Ich wars, der dich beschwatzte, Falsches redend
Ich bins, der dir die Waffen stahl, das Erbe.
NEOPTOLEMOS Schweig, wenn du Troja wiedersehn willst, davon.

ODYSSEUS Ritz deinen Arm, wenn dich der Blutdurst plagt
   Den du aus deiner Mutter Brüsten trankst
   Sonst schlag ich dich zurück in unser Bündnis
   Narr, mit dem Holz von deines Vaters Speer.
NEOPTOLEMOS Mein Hass gehört dem Feind, so wills die Pflicht
   Bis Troja aufhört. Für mein Recht dann tauch ich
   In andres Blut den Speer. Kürz deine Zeit nicht
   Mit Worten, die mich rot sehn machen vorher.
ODYSSEUS Spar deine Galle jetzt für deinen Auftrag.
   Häuf Schlamm nach deiner Lust auf meinen Namen
   Mich kränkt nicht, was dir hilft in unsrer Sache
   Das Auge trübst du ihm für deinen Anschlag
   Arglos den tödlichen, den Bogen, gibt er
   In deine Hand, wenn du ihn glauben machst
   Die wär so lüstern auf mein Blut wie seine
   Und weil du nicht zu lügen brauchst in dem
   Wähl ich zum Helfer dich für meinen Plan
   Denn glaublich wirst du lügen mit der Wahrheit
   Und mit dem Feind geht mir der Feind ins Netz.
   Wenn Scham dich rot färbt, wird er glauben, Wut ists
   Sie ists vielleicht, und selber weißt du nicht
   Was schneller in die Schläfe treibt dein Blut
   Scham, weil du lügst, oder Wut, weil du nicht lügst
   Und glaublicher wird deine Wahrheit ihm
   Je dunkler dir die Lüge das Gesicht schminkt.
NEOPTOLEMOS Sei du dein eigner Helfer in der Sache.
ODYSSEUS In diesem Handel bist du nicht der erste
   Der, was er nicht will, tut. Wir tatens vor dir.
   Dein Vater, der in Weiberkleider kroch
   Ich wars, der ihm die auszog mit der Maske
   Des Kaufmanns, handelnd Web- und Mordgerät.
   Ausstellt ich beides vor den Weibern im
   Palast, von denen eins ein Mann war, er
   Dem Blick nicht kenntlich, und so war er kenntlich
   An seiner Furcht vor Werkzeug, Lust auf Waffen.
   Mich selber vorher fingen so die Fürsten
   In ihren Krieg: als ich den Narren spielte
   Salz streuend in die Furchen, hinterm Pflug
   Im Joch die Ochsen meine Feldherrn nannte
   Und die bekannten nicht zu kennen vorgab
   Rissen sie von den Brüsten meines Weibs

Den Sohn und warfen den mir vor den Pflug
Kaum hielt ich das Gespann, zweimal vier Hufe
Das schwer zu haltende, einmal bewegt
Eh mir das teure Blut den Boden düngte
Den ich mit Salz verdarb, mich zu behalten
So war ich überführt heilen Verstandes
Und hatte keinen Weg mehr aus der Pflicht.
So viel davon. Wie willst dus? Auf den Knien?
Kniet.

NEOPTOLEMOS Wär ich ein Troer, süß wär meine Pflicht.
Gewohnt den Staub zu küssen ist dein Knie
Mein Vater sah dich so und sah die Feldherrn
Mit so verkürzten Beinen vor ihm stehn
Als euern Krieg sein langer Zorn aufhielt
Weil ihr nach seiner ersten Schlacht euch schmücktet
Mit seinem Sieg und kürztet seinen Ruhm.

ODYSSEUS Mehr kränkte ihn, dass wir die Beute teilten
Und klüger war dein Vater als sein Sohn
Er wusste gut, dass wir, den Blick im Staub
Die Steine zählten, unsern Tod für ihn
Wenn er dem Zorn sich ließ, sein Erz dem Tau.
Dein Leben ists, um das ich auf den Knien geh.
Steht auf.
Dein Fisch kommt, Netz. Ungleich sein Schritt noch immer.
Sieh nicht auf mich. Mit mir gesehn stirbst du
Eh du den Durst gestillt hast auf mein Blut.

NEOPTOLEMOS Mehr einem Tier als einem Menschen gleicht er
Schwarz eine Wolke über ihm von Geiern.

ODYSSEUS Solang der sein ist, fürchte seinen Bogen.
Bis er uns folgt, in Stricken oder frei
Nach Troja, wo Asklepios ihm den Fuß heilt
Damit er uns hilft von der größern Wunde
Aus der zu lang schon zweier Völker Blut geht
Der Stinkende uns vom Gestank der Schlacht
Fürchte sein Elend mehr als seinen Bogen.
Nur blind für seine Wunde heilst du die
Nur taub für seinen Jammer stillst du den
Allein in deiner Hand liegt jetzt das Ganze
Denn was ich dabei kann, ist beten um
Ein wenig Schläue mehr für dich zum schlauen
Hermes, Athene auch helf dir zum Sieg.

Die Göttin, die der Gott sich aus dem Kopf schnitt.
Ab. Auftritt Philoktet.
PHILOKTET Ein Lebendes auf meinem toten Strand.
Ein Ding, das aufrecht geht wie vordem ich
Auf anderm Boden mit zwei heilen Beinen.
Wer bist du, Zweibein? Mensch, Tier oder Grieche?
Und wenn du der bist, hörst du auf zu sein.
Neoptolemos läuft weg.
Und hättst du tausend Beine für die Flucht
Mein Pfeil läuft schneller.
Neoptolemos bleibt stehn.
Wirf dein Eisen weg.
Neoptolemos tut es.
Mit welcher Sprache, Hund, lerntest du lügen
Mensch, welche Hündin warf dich in die Welt
Welch guter oder schlimmer Wind dein Schiff
Auf meinen Steinstrand, den die Schiffe meiden
Seit ich das Meer nach nahenden Schiffen abweid
Mit ältern Augen immer ohne Glück
Auf meinem Fels allein mit meinen Geiern
Beschwingter Wolke zwischen Aug und Himmel
Geduldig wartend mein vergehndes Fleisch
Oder nach einem Rest von einem Schiff
Mich Schwimmenden zu halten aus dem Bauch
Der Fische oder einen Rest von mir.
Das Kleid des Griechen trägst du, das ich trug.
Im Kleid des Griechen mag ein Grieche stehn.
Oder erschlugst du einen Griechen, Freund?
Denn Freund nenn ich dich, wenn von deiner Hand
Ein Grieche starb, und frag nach deinem Grund nicht
Er war ein Grieche, keinen Grund brauchts weiter.
Wenn du mich selber zu den Schatten schickst
Ich bin ein Grieche, weiter keinen Grund brauchts.
Und selber bin ichs, der den Tod austeilt
Wenn du bist, was dein Kleid anzeigt, ein Grieche
Denn Griechen warfen auf den Stein im Salz
Mich so Verwundeten in ihrem Dienst
Und nicht mehr dienlichen mit solcher Wunde
Und Griechen sahns und rührten keine Hand.
Das blieb vom Kleid im Wetter der Verbannung
Mit Augen siehst du, was vom Griechen blieb

Ein Leichnam, der sich nährt von seinem Grab.
Mein Grab hat Raum für mehr als meinen Leichnam.
Eh ich an deinem letzten Laut dich kenn
Gefragt von meinem Pfeil, bist du ein Grieche?
Dein Schweigen sagt, du bists, und spannt den Bogen.
So stirb und nähr die Geier, meine Nahrung
Ein Vorgeschmack den Schnäbeln auf mein Fleisch.
[…]

(e. 1958/64, U. 1968 München)

Andreas Gryphius *Absurda Comica oder Herr Peter Squenz. Schimpfspiel*

| Peter Squenz möchte dem König zur Unterhaltung ein Stück vorspielen. Er wählt die Geschichte von Piramus und Thisbe und versucht, einige wackere Handwerksleute dafür zu gewinnen. Diese haben schon Lust dazu, aber auch viele Fragen: Wie spielt man einen Mond, der zur rechten Zeit verfinstert? Wie stellt man eine Wand mit einem Loch dar, durch das sich Piramus und Thisbe flüsternd ihre Liebe gestehen? Wie gestaltet man das Gebrüll eines Löwen so erträglich, dass nicht alle anwesenden Damen vor Schreck ohnmächtig werden? Gryphius hat das Stück als Parodie auf die Handwerkerdichter geschrieben. Die Aufführung gerät demzufolge zu einem ziemlichen Spektakel. |

SPIELENDE PERSONEN
Herr Peter Squenz *Schreiber und Schulmeister zu Rumpelskirchen, Prologus und Epilogus*
Pickelhering *des Königs lustiger Rat, Piramus*
Meister Kricks Überundüber *Schmied, der Mond*
Meister Bulla Butän *Blasebalgmacher, die Wand*
Meister Klipperling *Tischler, der Löwe*
Meister Lollinger *Leinweber und Meistersänger, der Brunnen*
Meister Klotz-George *Spulenmacher, Thisbe*

ZUSEHENDE PERSONEN
Theodorus *der König*
Serenus *der Prinz*
Kassandra *die Königin*
Violandra *die Prinzessin*
Eubulus *der Marschall*

Erster Aufzug

Peter Squenz, Pickelhering, Meister Kricks Überundüber, Meister Bulla Butän, Meister Klipperling, Meister Lollinger, Meister Klotz-George

P. Squenz Edler, wohledler, hochedler, wohledelgeborener Herr Pickelhering von Pickelheringsheim und Salznasen!

Pickelhering Der bin ich.

P. Squenz Arbeitsamer und armmächtiger Mester Kricks Überundüber, Schmied.

M. Kricks Der bin ich.

P. Squenz Tugendsamer, aufgeblasener und windbrechender Mester Bulla Butän, Blasebalgmacher.

Bulla Butän Der bin ich.

P. Squenz Ehrwürdiger, durchschneidender und gleichmachender Mester Klipperling, wohlbestellter Schreiner des weitberühmten Dorfes Rumpelskirchen.

M. Klipperling Der bin ich.

P. Squenz Wohlgelahrter, vielgeschwinder und hellstimmiger Mester Lollinger, Leinweber und Mestersänger.

M. Lollinger Der bin ich.

P. Squenz Treufleißiger, wohlwirkender, tuchhafter Mester Klotz-George, Spulenmacher.

M. Klotz-George Der bin ich.

P. Squenz Verschraubet Euch durch Zutuung Eurer Füße und Niederlassung der hintersten Oberschenkel auf herumgesetzte Stühle, schließet die Repositoria Eures Gehirnes auf, verschließet die Mäuler mit dem Schloss des Stillschweigens, setzt Eure sieben Sinne in die Falten, Herr Peter Squenz (cum titulis plenissimis) hat etwas Nachdenkliches anzumelden.

Pickelhering Ja, ja, Herr Peter Squenz ist ein tiefsinniger Mann, er hat einen anschlägigen Kopf, wenn er die Treppen hinunterfällt, er hat so einen ansehnlichen Bart, als wenn er König von Neu-Zembla wäre, es ist nur zu bejammern, dass es nicht wahr ist.

P. Squenz Nachdem ich zweifelsohne durch Zutuung der alten Phöbussin und ihrer Tochter, der großmäuligen Frau Fama, Bericht erlanget, dass Ihre Majestät, unser gestrenger Junker König, ein großer Liebhaber von allerlei lustigen Tragödien und prächtigen Komödien sei, so bin ich willens, durch Zutuung Eurer Geschicklichkeit eine jämmerlich schöne Komödie zu tragieren, in der Hoffnung, nicht nur Ehre und Ruhm einzulegen, sondern auch eine gute Verehrung für uns alle und mich in specie zu erhalten.

BULLA BUTÄN Das ist erschrecklich wacker! Ich spiele mit und sollte ich sechs Wochen nicht arbeiten.

PICKELHERING Es wird über alle Maßen schön stehen. Wer wollte nicht sagen, dass unser König treffliche Leute in seinem Dorfe hätte.

M. KRICKS Was wollen wir aber für eine tröstliche Komödie tragieren?

P. SQUENZ Von Piramus und Thisbe.

M. KLOTZ-GEORGE Das ist über die Maßen trefflich. Man kann allerhand schöne Lehre, Trost und Vermahnung daraus nehmen, aber das Ärgste ist, ich weiß die Historie noch nicht, beliebt es nicht Ew. Herrlichkeit, dieselbe zu erzählen?

P. SQUENZ Gar gerne. Der heilige alte Kirchenlehrer Ovidius schreibet in seinem schönen Buch Memorium phosis, dass Piramus die Thisbe zu einem Brunnen bestellt habe; inzwischen sei ein abscheulicher, hässlicher Löwe gekommen, vor welchem sie aus Furcht entlaufen und ihren Mantel hinterlassen, auf dem der Löwe Junge ausgehecket. Als er aber weggegangen, findet Piramus die blutige Schaube und meinet, der Löwe habe Thisbe gefressen; darum ersticht er sich aus Verzweiflung. Thisbe kommt wieder und findet Piramus tot; derowegen ersticht sie sich ihm zum Trotz.

PICKELHERING Und stirbet?

P. SQUENZ Und stirbet.

PICKELHERING Das ist tröstlich, es wird über die Maßen schön zu sehen sein. Aber saget, Herr Peter Squenz, hat der Löwe auch viel zu reden?

P. SQUENZ Nein, der Löwe muss nur brüllen.

PICKELHERING Ei, so will ich der Löwe sein, denn ich lerne nicht gerne viel auswendig.

P. SQUENZ Ei nein! Monsieur Pickelhering muss eine Hauptperson agieren.

PICKELHERING Habe ich denn Kopf genug zu einer Hauptperson?

P. SQUENZ Ja freilich. Weil aber vornehmlich ein tapferer, ernsthafter und ansehnlicher Mann erfordert wird zum Prologo und Epilogo, so will ich dieselben auf mich nehmen und der Vorredner und Nachredner des Spieles, das ist Anfang und Ende, sein.

M. KRICKS Wahrhaftig. Denn weil Ihr das Spiel macht, so ist billig, dass Ihr auch den Anfang und das Ende dran setzet.

M. KLIPPERLING Wer soll denn den Löwen nun tragieren? Ich halte dafür, er stünde mir am besten an, weil er nicht viel zu reden hat.

M. KRICKS Ja, mich dünket aber, es sollte zu schrecklich lauten, wenn ein grimmiger Löwe hereingesprungen käme und gar kein Wort sagte; das Frauenzimmer würde sich zu heftig entsetzen.

M. KLOTZ-GEORGE Ich halte es auch dafür. Sonderlich wäre ratsam wegen schwangerer Weiber, dass Ihr nur bald anfänglich sagtet, Ihr wäret kein rechter Löwe, sondern nur Meister Klipperling, der Schreiner.

Pickelhering Und zum Wahrzeichen lasset das Schurzfell durch die Löwenhaut hervorschlenkern.

M. Lollinger Wie bringen wir aber die Löwenhaut zuwege? Ich habe mein Lebtag sagen hören, ein Löwe sehe nicht viel anders aus als eine Katze. Wäre es nun ratsam, dass man so viel Katzen schinden ließe und überzöge Euch nackend mit den noch blutigen Fellen, dass sie desto fester anklebten?

M. Kricks Eben recht. Es wäre ein schöner Handel; sind wir nicht mehrenteils zunftmäßige Leute? Würden wir nicht wegen des Katzenschindens unredlich werden?

Bulla Butän Es ist nicht anders. Darzu habe ich gesehen, dass die Löwen alle gelb gemachet werden, aber meine Lebtage keine gelbe Katze gefunden.

P. Squenz Ich habe einen andern Einfall. Wir werden doch die Komödie bei Lichte tragieren. Nun hat mich mein Gevatter, Mester Ditloff Ochsenfuß, welcher unser Rathaus gemalet, vordem berichtet, dass grün bei Lichte gelbe scheine. Mein Weib aber hat einen alten Rock von Fries, den will ich Euch anstatt einer Löwenhaut umbinden.

M. Kricks Das ist das beste, so zu erdenken, nur muss Er der Rede nicht vergessen.

M. Klotz-George Kümmert Euch nicht darum, lieber Schwager, Herr Peter Squenz ist ein gescheideter Mann, er wird den Löwen wohl zu reden machen.

M. Klipperling Kümmert Euch nicht, kümmert Euch nicht, ich will so lieblich brüllen, dass der König und die Königin sagen sollen: Mein liebes Löwichen, brülle noch einmal.

P. Squenz Lasset Euch unterdessen die Nägel fein lang wachsen und den Bart nicht abscheren, so sehet Ihr einem Löwen desto ähnlicher. Nun ist einer Diffikultät abgeholfen, aber hier will das Wasser des Verstandes schier die Mühlräder des Gehirnes nicht mehr treiben. Der Kirchenlehrer Ovidius schreibet, dass der Mond geschienen habe. Nun wissen wir nicht, ob der Mond auch scheinen werde, wenn wir das Spiel tragieren werden.

Pickelhering Das ist, beim Element, eine schwere Sache.

M. Kricks Dem ist leicht abzuhelfen, wir müssen im Kalender sehen, ob der Mond denselben Tag scheinen wird.

M. Klotz-George Ja, wenn wir nur einen hätten.

M. Lollinger Hier habe ich einen, den habe ich von meines Großvaters Muhme ererbet, er ist wohl hundert Jahre alt und derowegen schier der Beste. Ei, Junker Pickelhering, verstehet Ihr Euch aufs Kalendermachen, so sehet doch, ob der Mond scheinen wird.

Pickelhering Je, sollte ich das nicht können? Lustig, lustig, Ihr Herren, der Mond wird gewiss scheinen, wenn wir spielen werden.

M. Kricks Ja, ich habe aber mein Lebtag gehöret, wenn man schön Wetter im Kalender findet, so regnet's.

M. Klotz-George Drum haben unsere lieben Alten gesagt: Du leugst wie ein Kalendermacher.

P. Squenz Ei, das ist nichts, der Mond muss dabei sein, wenn wir die Komödie spielen, sonst wird das Ding zu Wasser, das ist, die Komödie wird zunichte.

M. Kricks Hört, was mir eingefallen ist. Ich will mir einen Busch um den Leib binden und ein Licht in einer Latern tragen und den Mond tragieren. Was dünket Euch zu der Sache?

Pickelhering Beim Velten, das wird gehen, aber der Mond muss in der Höhe stehen. Wie hier zu raten?

P. Squenz Es sollte nicht übel abgehen, wenn man den Mond in einen großen Korb setzte und denselben mit einem Stricke auf und ab ließe.

M. Kricks Ja, wenn der Strick zerrisse, so fiele ich herunter und bräche Hals und Bein. Besser ist es, ich stecke die Laterne auf eine halbe Picke, dass das Licht um etwas in die Höhe kommet.

P. Squenz Nec ita male. Nur das Licht in der Laterne muss nicht zu lang sein, denn wenn sich Thisbe ersticht, muss der Mond seinen Schein verlieren, das ist, verfinstert werden, und das muss man abbilden mit Verlöschung des Lichtes. Aber ad rem. Wie werden wir es mit der Wand machen?

M. Klipperling Eine Wand aufzubauen vor dem Könige, das wird sich nicht schicken.

Pickelhering Was haben wir viel mit der Wand zu tun?

P. Squenz Ei ja doch, Piramus und Thisbe müssen miteinander durch das Loch in der Wand reden.

M. Klipperling Mich dünket, es wäre am besten, man beschmierete einen um und um mit Lehmwellern und steckte ihn auf die Bühne. Er müsste sagen, dass er die Wand wäre. Wenn nun Piramus reden soll, müsste er ihm zum Maule, das ist zum Loch, hineinreden. Wenn nun Thisbe was sagen wollte, müsste er das Maul nach der Thisbe kehren.

P. Squenz Nihil ad rhombum, das ist: nichts zur Sache. Thisbe muss dem Piramus den Liebespfeil durch das Loch ausziehen. Wie wollen wir das zuwege bringen?

Pickelhering Lasset uns dennoch eine papierne Wand machen und ein Loch da durchbohren.

BULLA BUTÄN Ja, die Wand kann aber nicht reden.

M. KRICKS Das ist auch wahr.

BULLA BUTÄN Ich will mir eine papierne Wand an einen Blendrahmen machen, und weil ich noch keine Person habe, so will ich mit der Wand auf den Platz kommen und sagen, dass ich die Wand sei.

P. SQUENZ Apposite, das wird sich schicken wie eine Heringsnase auf einem Schwabenärmel. Junker Pickelhering, Ihr müsset Piramus sein.

PICKELHERING Birnenmost? Was ist das für ein Kerl?

P. SQUENZ Es ist die vornehmste Person im Spiel, ein Chevalier, Soldat und Liebhaber.

M. KLOTZ-GEORGE Ja, Pickelhering ist die vornehmste Person im Spiel, er muss das Spiel zieren wie die Bratwurst das Sauerkraut.

PICKELHERING Ein Soldat und Buhler, so muss ich lachen und sauer sehen.

P. SQUENZ Aber nicht beides auf einmal.

PICKELHERING Das ist gut, denn ich kann nicht zugleich lachen und weinen wie Jehan Potage. Es stehet auch einer so vornehmen Person, wie ich bin, nicht an, sondern ist närrisch, nicht fürstlich. Nur, ich bitte Euch um Gottes willen, machet mir nicht viel Lateinisch in meinen Titul; die Wörter sind mir zu kauderwelsch und wir verwirren das ganze Spiel. Denn ich weiß, ich werde sie nicht behalten.

P. SQUENZ Es wird schon gehen. Ja, nun will mir das Herze gar in die Hosen fallen.

M. KLOTZ-GEORGE Ei warum, ehrenfester Herr Peter Squenz?

P. SQUENZ Wir müssen eine Thisbe haben, wo wollen wir die hernehmen?

M. LOLLINGER Das kann Klotz-George am besten agieren. Er hat, als er noch ein Knappe war, die Susanna gespielet; er machte sich die Augen mit Speichel nass und sah so erbarmungswürdig aus, dass alle alten Weiber weinen mussten.

P. SQUENZ Ja und das gehet nun nicht an, er hat einen großen Bart.

PICKELHERING Das schadet nichts. Er mag sich das Maul mit einem Stück Speck schmieren, so sieht er desto glätter aus ums Mundstück und kann mit einer schmutzigen Goschen zum Fenster hinausgucken.

M. KRICKS Freilich! Nehmet die Personen an auf gut Glück, man weiß doch wohl, dass Ihr die rechte Thisbe nicht seid.

BULLA BUTÄN Ihr müsset fein klein, klein, klein reden.

M. KLOTZ-GEORGE Also?

P. SQUENZ Noch kleiner!

M. KLOTZ-GEORGE Also denn?

P. SQUENZ Noch kleiner!

M. Klotz-George Nun, nun, ich will's wohl machen. Ich will so klein und lieblich reden, dass der König und die Königin an mir den Narren fressen sollen.

M. Lollinger Was soll denn ich sein?

P. Squenz Beim Element, wir hätten schier das Nötigste vergessen, Ihr müsset der Brunnen sein.

M. Lollinger Was? Der Brunnen?

P. Squenz Der Brunnen.

M. Lollinger Der Brunnen? Da muss ich lachen; ich bin ja einem Brunnen nicht ähnlich.

P. Squenz Ei ja, verstehet: eine Wasserkunst.

Pickelhering Freilich. Seid Ihr Euer Leben lang nicht zu Danzig gewesen oder zu Augsburg? Die Meistersänger reisen ja sonst ziemlich weit. Habt Ihr nicht gehöret, dass der Kaiser zu Augsburg auf einem Brunnen stehet und zu Danzig Klinktunus?

M. Lollinger Aber wie soll ich Wasser von mir spritzen?

Pickelhering Seid Ihr so alt und wisset das nicht? Ihr müsset vornen ...

P. Squenz Holla! Holla! Wir müssen's ehrbar machen vor den Frauenzimmern. Ihr müsset eine Gießkanne in der Hand haben.

Pickelhering Recht, recht! So malet man das Wasser unter den neun Freien Künsten.

P. Squenz Und müsst auch Wasser in dem Mund haben und damit um Euch spritzen.

M. Klotz-George Wie wird er da aber reden können?

P. Squenz Gar wohl. Wenn er einen Vers geredet hat, so muss er einmal spritzen. Nun zu dem Titul dieses Spieles. Wie sollen wir es heißen: eine Komödie oder Tragödie.

M. Lollinger Der alte berühmte deutsche Poet und Meistersänger Hans Sachse schreibet, wenn ein Spiel traurig ausgehet, so ist es eine Tragödie. Weil sich nun hier zwei erstechen, so gehet es traurig aus, ergo.

Pickelhering Contra. Das Spiel wird lustig ausgehen, denn die Toten werden wieder lebendig, setzen sich zusammen und trinken einen guten Rausch. So ist es denn eine Komödie.

P. Squenz Ja, es ist noch weit im Felde. Wir wissen noch nicht, ob wir bestehen werden. Vielleicht machen wir eine Sau und kriegen gar nichts. Darum ist es am besten, ich folge meinem Kopf und gebe ihm den Titul: ein schön Spiel, lustig und traurig zu tragieren und zu sehen.

M. Lollinger Noch eines. Wenn wir das Spiel tragieren werden, wollen wir dem Könige ein Register übergeben, darauf allerhand Komödien verzeichnet, und diese zum Letzten setzen, dass er auslesen mag, was er sehen will. Ich weiß, er wird doch keine andere begehren als die letzte, unterdessen werden wir für geschickte und hochgelehrte Leute gehalten werden.

P. SQUENZ Gut, gut! Ihr Herren, lernet fleißig. Morgen mache ich die Komödie fertig, so krieget Ihr die Zettel übermorgen. Ich will unterdessen Mester Lollingern, den Meistersänger, zu mir nehmen, der wird mir schon helfen und raten, wie ich die Endungen der Silben wohl zusammenbringe. Unterdessen seid Gott befohlen.

PICKELHERING Ehren-, wohlehren- und hochehrenfester, tiefgelehrter, spitzfindiger Herr Peter Squenz, großen Dank, eine gute Nacht.

Die andern nehmen alle mit allerhand Zeremonien voneinander Abschied, Pickelhering aber und Peter Squenz nötigen einander voranzugehen, sobald aber Squenz vorantreten will, zieht ihn Pickelhering zurück und läuft selbst voran.

(1658)

Absurda comica – abgeschmacktes Possenspiel; *Schimpfspiel* – Scherzspiel; *Pickelhering* – lustige Person im Spiel engl. Komödianten; *Repositoria* – die Gehirnkästen; *cum titulis plenissimis* – (lat.) mit vollen Titeln; *Neu-Zembla* – Nowaja Semlja [Neuland], Insel im Nördl. Eismeer; *Phöbussin* – wahrscheinl. Phöbe (griech. phoibē), in der griech. Mythologie eine Titanin; *Fama* – (lat.) Ruf, Gerücht; bei den Römern auch Personifikation des Gerüchts oder der Sage, Ovid beschreibt deren Wohnung als einen Palast aus tönendem Erz mit tausend Öffnungen; *tragieren* – eigtl. agieren, aufführen; *in specie* – (lat.) besonders; *Piramus und Thisbe* – Liebespaar aus Babylon nach der Sage, seit Ovid immer wieder behandelt; *Ovidius* – Publius Ovidius Naso (43 v. Chr. – 18 n. Chr.), röm. Dichter; *Memorium phosis* – obszöne Verballhornung des Titels von Ovids Hauptwerk »Metamorphosen« [Verwandlungen]; *Schaube* – mantelartiger Überrock, zumeist aus Samt; *Fries* – stark gerautes, grobfädiges Wollgewebe; *gescheidener Mann* – Bildung aus ›gescheit‹ und ›bescheiden‹, ironisch gebraucht; *Diffikultät* – Schwierigkeit; *Nec ita male* – (lat.) gar nicht übel; *ad rem* – (lat.) zur Sache; *Nihil ad rhombum* – (lat.) falsch für: nichts zur Sache; *apposite* – vortrefflich; *Jehan Potage* – lustige Person der franz. Bühne; verdeutscht: Hans Supp, daraus entstand ›Hanswurst‹; *Susanna* – Titelfigur eines populären zeitgenöss. Schuldramas, biblische Gestalt; *zu Danzig Klinktunus* – Danziger Neptun-Brunnen; *Hans Sachse* – die Dichtung der Meistersinger war im 17. Jh. als kunstlos verpönt; *ergo* – (lat.) folglich, also; *contra* – (lat.) im Gegenteil

Johann Wolfgang von Goethe *Clavigo. Ein Trauerspiel*

|Hat Goethe in diesem Stück sein schlechtes Gewissen gegenüber seiner Jugendliebe Friederike beschrieben? Clavigo ist ein ehrgeiziger Schriftsteller. Die Verlobung mit Marie ist ihm bei der Verfolgung seiner Ziele nur hinder-

lich. Sein Freund Carlos bestärkt ihn in der Absicht, Marie zu verlassen. Maries Bruder wird ihn zur Rede stellen und die anderen Gefühle in Clavigo wachrufen. Triumphiert der Ehrgeiz über die Liebe? Was zählt wirklich im Leben? |

Der Schauplatz ist zu Madrid.

Erster Akt

Clavigos Wohnung
Clavigo. Carlos

Clavigo *vom Schreibtisch aufstehend* Das Blatt wird eine gute Wirkung tun, es muss alle Weiber bezaubern. Sag mir, Carlos, glaubst du nicht, dass meine Wochenschrift jetzt eine der ersten in Europa ist?
Carlos Wir Spanier wenigstens haben keinen neuern Autor, der so viel Stärke des Gedankens, so viel blühende Einbildungskraft mit einem so glänzenden und leichten Stil verbände.
Clavigo Lass mich! Ich muss unter dem Volke noch der Schöpfer des guten Geschmacks werden. Die Menschen sind willig, allerlei Eindrücke anzunehmen; ich habe einen Ruhm, ein Zutrauen unter meinen Mitbürgern; und, unter uns gesagt, meine Kenntnisse breiten sich täglich aus; meine Empfindungen erweitern sich und mein Stil bildet sich immer wahrer und stärker.
Carlos Gut, Clavigo! Doch wenn du mir's nicht übel nehmen willst, so gefiel mir damals deine Schrift weit besser, als du sie noch zu Mariens Füßen schriebst, als noch das liebliche, muntere Geschöpf auf dich Einfluss hatte. Ich weiß nicht, das Ganze hatte ein jugendlicheres, blühenderes Ansehen.
Clavigo Es waren gute Zeiten, Carlos, die nun vorbei sind. Ich gestehe dir gern, ich schrieb damals mit offnerem Herzen; und wahr ist's, sie hatte viel Anteil an dem Beifall, den das Publikum mir gleich anfangs gewährte. Aber in der Länge, Carlos, man wird der Weiber gar bald satt; und warst du nicht der Erste, meinem Entschluss Beifall zu geben, als ich mir vornahm, sie zu verlassen?
Carlos Du wärst versauert. Sie sind gar zu einförmig. Nur, dünkt mich, wär's wieder Zeit, dass du dich nach einem neuen Plan umsähest, es ist doch auch nichts, wenn man so ganz auf'm Sand ist.
Clavigo Mein Plan ist der Hof, und da gilt kein Feiern. Hab ich's für einen Fremden, der ohne Stand, ohne Namen, ohne Vermögen hierher kam, nicht weit genug gebracht? Hier an einem Hofe! unter dem Ge-

dräng von Menschen, wo es schwer hält, sich bemerken zu machen? Mir ist's so wohl, wenn ich den Weg ansehe, den ich zurückgelegt habe. Geliebt von den Ersten des Königreichs! geehrt durch meine Wissenschaften, meinen Rang! Archivarius des Königs! Carlos, das spornt mich alles; ich wäre nichts, wenn ich bliebe, was ich bin! Hinauf! Hinauf! Und da kostet's Mühe und List! Man braucht seinen ganzen Kopf; und die Weiber, die Weiber! Man vertändelt gar zu viel Zeit mit ihnen.

CARLOS Narre, das ist deine Schuld. Ich kann nie ohne Weiber leben und mich hindern sie an gar nichts. Auch sag ich ihnen nicht so viel schöne Sachen, röste mich nicht monatelang an Sentiments und dergleichen; wie ich denn mit honetten Mädchen am ungernsten zu tun habe. Ausgeredt hat man bald mit ihnen; hernach schleppt man sich eine Zeit lang herum, und kaum sind sie ein bisschen warm bei einem, hat sie der Teufel gleich mit Heiratsgedanken und Heiratsvorschlägen, die ich fürchte wie die Pest. Du bist nachdenkend, Clavigo?

CLAVIGO Ich kann die Erinnerung nicht loswerden, dass ich Marien verlassen – hintergangen habe, nenn's, wie du willst.

CARLOS Wunderlich! Mich dünkt doch, man lebt nur e i n m a l in der Welt, hat nur e i n m a l diese Kräfte, diese Aussichten, und wer sie nicht zum Besten braucht, wer sich nicht so weit treibt als möglich, ist ein Tor. Und heiraten! heiraten just zur Zeit, da das Leben erst recht in Schwung kommen soll! sich häuslich niederlassen, sich einschränken, da man noch die Hälfte seiner Wanderung nicht zurückgelegt, die Hälfte seiner Eroberungen noch nicht gemacht hat! Dass du sie liebtest, das war natürlich; dass du ihr die Ehe versprachst, war eine Narrheit, und wenn du Wort gehalten hättest, wär's gar Raserei gewesen.

CLAVIGO Sieh, ich begreife den Menschen nicht. Ich liebte sie wahrlich, sie zog mich an, sie hielt mich, und wie ich zu ihren Füßen saß, schwur ich ihr, schwur ich mir, dass es ewig so sein sollte, dass ich der Ihrige sein wollte, sobald ich ein Amt hätte, einen Stand – Und nun, Carlos!

CARLOS Es wird noch Zeit genug sein, wenn du ein gemachter Mann bist, wenn du das erwünschte Ziel erreicht hast, dass du alsdann, um all dein Glück zu krönen und zu befestigen, dich mit einem angesehenen und reichen Hause durch eine kluge Heirat zu verbinden suchst.

CLAVIGO Sie ist verschwunden! glatt aus meinem Herzen verschwunden, und wenn mir ihr Unglück nicht manchmal durch den Kopf führe – Dass man so veränderlich ist!

CARLOS Wenn man beständig wäre, wollt ich mich verwundern: Sieh doch, verändert sich nicht alles in der Welt? Warum sollten unsere Leidenschaften bleiben? Sei du ruhig, sie ist nicht das erste verlassne Mädchen und nicht das erste, das sich getröstet hat. Wenn ich dir raten soll, da ist die junge Witwe gegenüber –

CLAVIGO Du weißt, ich halte nicht viel auf solche Vorschläge. Ein Roman, der nicht ganz von selbst kommt, ist nicht imstande, mich einzunehmen.

CARLOS Über die delikaten Leute!

CLAVIGO Lass das gut sein und vergiss nicht, dass unser Hauptwerk gegenwärtig sein muss, uns dem neuen Minister notwendig zu machen. Dass Whal das Gouvernement von Indien niederlegt, ist immer beschwerlich für uns. Zwar ist mir's weiter nicht bange; sein Einfluss bleibt – Grimaldi und er sind Freunde und wir können schwatzen und uns bücken –

CARLOS Und denken und tun, was wir wollen.

CLAVIGO Das ist die Hauptsache in der Welt. *Schellt dem Bedienten.* Tragt das Blatt in die Druckerei.

CARLOS Sieht man Euch den Abend?

CLAVIGO Nicht wohl. Nachfragen könnt Ihr ja.

CARLOS Ich möchte heut abend gar zu gern was unternehmen, das mir das Herz erfreute; ich muss diesen ganzen Nachmittag wieder schreiben. Das endigt nicht.

CLAVIGO Lass es gut sein. Wenn wir nicht für so viele Leute arbeiteten, wären wir so viel Leuten nicht über den Kopf gewachsen. *Ab.*

[…]

(1774, U. 1774 Hamburg)

Archivarius – Archivar;   *Sentiments* – (frz.) Gefühl, Empfindung;   *honett* – (frz.) anständig, ehrenhaft

Friedrich Schiller *Die Räuber. Ein Schauspiel*

| Der junge Schiller erzählt die Geschichte eines Bruderzwistes. Karl wird vom Vater bevorzugt und Franz spinnt eine Intrige, um das gründlich zu ändern. Er bringt den Vater dazu, Karl zu verstoßen. Um die Zuneigung des Vaters und sein Erbe betrogen, zieht Karl in die Wälder, schart Räuber um sich und wird erklärter Feind der Reichen: Rache für das erlittene Unrecht. Aber auf den blutigen Raubzügen sterben auch Frauen, Kinder, alte Menschen. Ist es das, was er wollte? Und überhaupt: Hat er seinen Vater und Amalia vergessen? |

Zweiter Akt, Dritte Szene

[...]

Schweizer, Roller *hinter der Szene* Holla ho! Holla ho!

Razmann Roller! Roller! Holen mich zehn Teufel!

Schweizer, Roller *hinter der Szene* Razmann! Schwarz! Spiegelberg! Razmann!

Razmann Roller! Schweizer! Blitz, Donner, Hagel und Wetter! *Fliegen ihm entgegen.*

Räuber Moor zu Pferd. Schweizer, Roller, Grimm, Schufterle, Räubertrupp, mit Kot und Staub bedeckt, treten auf.

Räuber Moor *vom Pferd springend* Freiheit! Freiheit! – – Du bist im Trocknen, Roller! – Führ meinen Rappen ab, Schweizer, und wasch ihn mit Wein! *Wirft sich auf die Erde.* Das hat gegolten!

Razmann *zu Roller* Nun, bei der Feueresse des Plutos! bist du vom Rad auferstanden?

Schwarz Bist du sein Geist? oder bin ich ein Narr? oder bist du's wirklich?

Roller *in Atem* Ich bin's. Leibhaftig. Ganz. Wo glaubst du, dass ich herkomme?

Schwarz Da frag die Hexe! der Stab war schon über dich gebrochen!

Roller Das war er freilich und noch mehr. Ich komme recta vom Galgen her. Lass mich nur erst zu Atem kommen. Der Schweizer wird dir erzählen. Gebt mir ein Glas Branntenwein! – du auch wieder da, Moritz? Ich dachte dich woanders wieder zu sehen – gebt mir doch ein Glas Branntenwein! meine Knochen fallen auseinander – o mein Hauptmann! wo ist mein Hauptmann?

Schwarz Gleich, gleich! – so sag doch, so schwätz doch! wie bist du davongekommen? wie haben wir dich wieder? der Kopf geht mir um. Vom Galgen her, sagst du?

Roller *stürzt eine Flasche Branntenwein hinunter* Ah, das schmeckt, das brennt ein! – Geradeswegs vom Galgen her! sag ich. Ihr steht da und gafft und könnt's nicht träumen – ich war auch nur drei Schritte von der Sakermentsleiter, auf der ich in den Schoss Abrahams steigen sollte – so nah, so nah – war dir schon mit Haut und Haar auf die Anatomie verhandelt! hättest mein Leben um'n Prise Schnupftabak haben können, dem Hauptmann dank ich Luft, Freiheit und Leben.

Schweizer Es war ein Spaß, der sich hören lässt. Wir hatten den Tag vorher durch unsere Spionen Wind gekriegt, der Roller liege tüchtig im Salz, und wenn der Himmel nicht beizeit noch einfallen wollte, so werde er morgen am Tag – das war als heut – den Weg alles Fleisches gehen müssen – »Auf!«, sagt der Hauptmann, »was wiegt ein Freund nicht. – Wir retten ihn oder retten ihn nicht, so wollen wir ihm wenigstens doch eine Todesfackel anzünden, wie sie noch keinem König geleuchtet hat, die ihnen den Buckel braun und blau brennen soll.« Die ganze Bande wird aufgeboten. Wir schicken einen Expressen an ihn, der's ihm in einem Zettelchen beibrachte, das er ihm in die Suppe warf.

ROLLER Ich verzweifelte an dem Erfolg.

SCHWEIZER Wir passten die Zeit ab, bis die Passagen leer waren. Die ganze Stadt zog dem Spektakel nach, Reuter und Fußgänger durcheinander und Wagen, der Lärm und der Galgenpsalm johlten weit. »Itzt«, sagt der Hauptmann, »brennt an, brennt an!« Die Kerl flogen wie Pfeile, steckten die Stadt an dreiunddreißig Ecken zumal in Brand, werfen feurige Lunten in die Nähe des Pulverturms, in Kirchen und Scheunen – Mordbleu! es war keine Viertelstunde vergangen, der Nordostwind, der auch seinen Zahn auf die Stadt haben muss, kam uns trefflich zustatten und half die Flamme bis hinauf in die obersten Giebel jagen. Wir indes Gasse auf, Gasse nieder, wie Furien – Feuerjo! Feuerjo! durch die ganze Stadt – Geheul – Geschrei – Gepolter – fangen an die Brandglocken zu brummen, knallt der Pulverturm in die Luft, als wär die Erde mitten entzweigeborsten und der Himmel zerplatzt und die Hölle zehntausend Klafter tiefer versunken.

ROLLER Und itzt sah mein Gefolge zurück – da lag die Stadt wie Gomorrha und Sodom, der ganze Horizont war Feuer, Schwefel und Rauch, vierzig Gebirge brüllen den infernalischen Schwank in die Rund herum nach, ein panischer Schreck schmeißt alle zu Boden – itzt nutz ich den Zeitpunkt und risch wie der Wind! – ich war losgebunden, so nah war's dabei – da meine Begleiter versteinert wie Loths Weib zurückschaun, reißaus! zerrissen die Haufen! davon! Sechzig Schritte weg werf ich die Kleider ab, stürze mich in den Fluss, schwimm unterm Wasser fort, bis ich glaubte, ihnen aus dem Gesicht zu sein. Mein Hauptmann schon parat mit Pferden und Kleidern – so bin ich entkommen. Moor! Moor! möchtest du bald auch in den Pfeffer geraten, dass ich dir Gleiches mit Gleichem vergelten kann!

RAZMANN Ein bestialischer Wunsch, für den man dich hängen sollte – aber es war ein Streich zum Zerplatzen.

ROLLER Es war Hülfe in der Not, ihr könnt's nicht schätzen. Ihr hättet sollen – den Strick um den Hals – mit lebendigem Leib zu Grabe marschieren wie ich und die sakermentalischen Anstalten und Schinderszeremonien und mit jedem Schritt, den der scheue Fuß vorwärts wankte, näher und fürchterlich näher die verfluchte Maschine, wo ich einlogiert werden sollte, im Glanz der schröcklichen Morgensonne steigend, und die laurenden Schindersknechte und die grässliche Musik – noch raunt sie in meinen Ohren – und das Gekrächz hungriger Raben, die an meinem halbfaulen Antezessor zu dreißigen hingen, und das alles, alles – und obendrein noch der Vorschmack der Seligkeit, die mir blühete! – Bruder, Bruder! und auf einmal die Losung zur Freiheit – Es war ein Knall, als ob dem Himmelfass ein Reif gesprungen wäre – hört, Kanaillen! ich sag euch, wenn man aus dem glühenden Ofen ins Eiswasser springt, kann man den Abfall nicht so stark fühlen als ich, da ich am andern Ufer war.

SPIEGELBERG *lacht* Armer Schlucker! nun ist's ja verschwitzt. *Trinkt ihm zu.* Zur glücklichen Wiedergeburt!

ROLLER *wirft sein Glas weg* Nein, bei allen Schätzen des Mammons! ich möchte das nicht zum zweiten Mal erleben. Sterben ist etwas mehr als Harlekinssprung und Todesangst ist ärger als Sterben.

SPIEGELBERG Und der hüpfende Pulverturm – merkst du's itzt, Razmann? drum stank auch die Luft so nach Schwefel stundenweit, als würde die ganze Garderobe des Molochs unter dem Firmament ausgelüftet – es war ein Meisterstreich, Hauptmann! ich beneide dich drum.

SCHWEIZER Macht sich die Stadt eine Freude daraus, meinen Kameraden wie ein verhetztes Schwein abtun zu sehen, was, zum Henker! sollen wir uns ein Gewissen daraus machen, unserem Kameraden zulieb die Stadt draufgehen zu lassen? Und nebenher hatten unsere Kerls noch das gefundene Fressen, über den alten Kaiser zu plündern. – Sagt einmal. Was habt ihr weggekapert?

EINER VON DER BANDE Ich hab mich während des Durcheinanders in die Stephanskirche geschlichen und die Borten vom Altartuch abgetrennt; der liebe Gott da, sagt ich, ist ein reicher Mann und kann ja Goldfäden aus einem Batzenstrick machen.

SCHWEIZER Du hast wohlgetan – was soll auch der Plunder in einer Kirche? Sie tragen's dem Schöpfer zu, der über den Trödelkram lachet, und seine Geschöpfe dörfen verhungern. – Und du, Spangeler – wo hast du dein Netz ausgeworfen?

EIN ZWEITER Ich und Bügel haben einen Kaufladen geplündert und bringen Zeug für unser funfzig mit.

EIN DRITTER Zwei goldne Sackuhren hab ich weggebixt und ein Dutzend silberne Löffel darzu.

SCHWEIZER Gut, gut. Und wir haben ihnen eins angerichtet, dran sie vierzehn Tage werden zu löschen haben. Wenn sie dem Feuer wehren wollen, so müssen sie die Stadt durch Wasser ruinieren – Weißt du nicht, Schufterle, wieviel es Tote gesetzt hat?

SCHUFTERLE Dreiundachtzig, sagt man. Der Turm allein hat ihrer sechzig zu Staub zerschmettert.

RÄUBER MOOR *sehr ernst* Roller, du bist teuer bezahlt.

SCHUFTERLE Pah! pah! was heißt aber das? – ja, wenn's Männer gewesen wären – aber da waren's Wickelkinder, die ihre Laken vergolden, eingeschnurrte Mütterchen, die ihnen die Mücken wehrten, ausgedörrte Ofenhocker, die keine Türe mehr finden konnten – Patienten, die nach dem Doktor winselten, der in seinem gravitätischen Trab der Hatz nachgezogen war – Was leichte Beine hatte, war ausgeflogen, der Komödie nach, und nur der Bodensatz der Stadt blieb zurück, die Häuser zu hüten.

MOOR O der armen Gewürme! Kranke, sagst du, Greise und Kinder? –

SCHUFTERLE Ja zum Teufel! und Kindbetterinnen darzu und hochschwangere Weiber, die befürchteten, unterm lichten Galgen zu abortieren; junge Frauen, die besorgten, sich an den Schindersstückchen zu versehen und ihrem Kind im Mutterleib den Galgen auf den Buckel zu brennen – Arme Poeten, die keinen Schuh anzuziehen hatten, weil sie ihr einziges Paar in die Mache gegeben, und was das Hundsgesindel mehr ist; es lohnt sich der Mühe nicht, dass man davon redt. Wie ich von ungefähr so an einer Baracke vorbeigehe, hör ich drinnen ein Gezeter, ich guck hinein, und wie ich's beim Licht besehe, was war's? Ein Kind war's, noch frisch und gesund, das lag auf dem Boden unterm Tisch und der Tisch wollte eben angehen. – »Armes Tierchen!«, sagt ich, »du verfrierst ja hier«, und warf's in die Flamme –

MOOR Wirklich, Schufterle? – Und diese Flamme brenne in deinem Busen, bis die Ewigkeit grau wird! – Fort, Ungeheuer! Lass dich nimmer unter meiner Bande sehen! Murrt ihr? – Überlegt ihr? – Wer überlegt, wann ich befehle? – Fort mit ihm, sag ich – es sind noch mehr unter euch, die meinem Grimm reif sind. Ich kenne dich, Spiegelberg. Aber ich will nächstens unter euch treten und fürchterlich Musterung halten!

Sie gehn zitternd ab. Moor allein, heftig auf und ab gehend.

Höre sie nicht, Rächer im Himmel! – Was kann ich dafür? Was kannst du dafür, wenn deine Pestilenz, deine Teurung, deine Wasserfluten den Gerechten mit dem Bösewicht auffressen? Wer kann der Flamme befehlen, dass sie nicht auch durch die gesegneten Saaten wüte, wenn sie das Genist der Hornissel zerstören soll? – O pfui, über den Kindermord! den Weibermord – den Krankenmord! Wie beugt mich diese Tat! Sie hat meine schönsten Werke vergiftet – Da steht der Knabe, schamrot und ausgehöhnt vor dem Auge des Himmels, der sich anmaßte, mit Jupiters Keile zu spielen, und Pygmäen niederwarf, da er

Titanen zerschmettern sollte – geh, geh! du bist der Mann nicht, das Rachschwert der obern Tribunal zu regieren, du erlagst bei dem ersten Griff – hier entsag ich dem frechen Plan, geh, mich in irgendeine Kluft der Erde zu verkriechen, wo der Tag vor meiner Schande zurücktritt. *Er will fliehen.*

RÄUBER *eilig* Sieh dich vor, Hauptmann! Es spukt! Ganze Haufen böhmischer Reuter schwadronieren im Holz herum – der höllische Blaustrumpf muss ihnen verträtscht haben –

NEUE RÄUBER Hauptmann, Hauptmann! Sie haben uns die Spur abgelauert – rings ziehen ihrer etliche Tausend einen Kordon um den mittlern Wald.

NEUE RÄUBER Weh, weh, weh! Wir sind gefangen, gerädert, wir sind geviertelt! Viele tausend Husaren, Dragoner und Jäger sprengen um die Anhöhe und halten die Luftlöcher besetzt.

Moor geht ab.
Schweizer, Grimm, Roller, Schwarz, Schufterle, Spiegelberg, Razmann, Räubertrupp.

SCHWEIZER Haben wir sie aus den Federn geschüttelt? Freu dich doch, Roller! Das hab ich mir lange gewünscht, mich mit so Kommissbrotrittern herumzuhauen – wo ist der Hauptmann? Ist die ganze Bande beisammen? Wir haben doch Pulver genug?

RAZMANN Pulver die schwere Meng. Aber unser sind achtzig in allem, und so immer kaum einer gegen ihrer zwanzig.

SCHWEIZER Desto besser! und lass es fünfzig gegen meinen großen Nagel sein – Haben sie so lang gewartet, bis wir ihnen die Streu unterm Arsch angezündet haben – Brüder, Brüder! so hat's keine Not. Sie setzen ihr Leben an zehen Kreuzer; fechten wir nicht für Hals und Freiheit? – Wir wollen über sie her wie die Sündflut und auf ihre Köpfe herabfeuern wie Wetterleuchten – Wo, zum Teufel! ist dann der Hauptmann?

SPIEGELBERG Er verlässt uns in dieser Not. Können wir denn nicht mehr entwischen?

SCHWEIZER Entwischen?

SPIEGELBERG Oh! Warum bin ich nicht geblieben in Jerusalem.

SCHWEIZER So wollt ich doch, dass du im Kloak ersticktest, Dreckseele du! Bei nackten Nonnen hast du ein großes Maul, aber wenn du zwei Fäuste siehst – Memme, zeige dich itzt oder man soll dich in eine Sauhaut nähen und durch Hunde verhetzen lassen.

RAZMANN Der Hauptmann, der Hauptmann!
Moor, langsam vor sich.
MOOR Ich habe sie vollends ganz einschließen lassen, itzt müssen sie

fechten wie Verzweifelte. *Laut.* Kinder! Nun gilt's! Wir sind verloren oder wir müssen fechten wie angeschossene Eber.

SCHWEIZER Ha! ich will ihnen mit meinen Fangern den Bauch schlitzen, dass ihnen die Kutteln schuhlang herausplatzen! – Führ uns an, Hauptmann! Wir folgen dir in den Rachen des Todes.

MOOR Ladet alle Gewehre! Es fehlt doch an Pulver nicht?

SCHWEIZER *springt auf* Pulver genug, die Erde gegen den Mond zu sprengen!

RAZMANN Jeder hat fünf Paar Pistolen geladen, jeder noch drei Kugelbüchsen darzu.

MOOR Gut, gut! Und nun muss ein Teil auf die Bäume klettern oder sich ins Dickicht verstecken und Feuer auf sie geben im Hinterhalt –

SCHWEIZER Da gehörst du hin, Spiegelberg!

MOOR Wir andern, wie Furien, fallen ihnen in die Flanken!

SCHWEIZER Darunter bin ich, ich!

MOOR Zugleich muss jeder sein Pfeifchen hören lassen, im Wald herumjagen, dass unsere Anzahl schröcklicher werde: auch müssen alle Hunde los und in ihre Glieder gehetzt werden, dass sie sich trennen, zerstreuen und euch in den Schuss rennen. Wir drei, Roller, Schweizer und ich, fechten im Gedränge.

SCHWEIZER Meisterlich, vortrefflich! – Wir wollen sie zusammenwettern, dass sie nicht wissen, wo sie die Ohrfeigen herkriegen. Ich habe wohl ehe eine Kirsche vom Maul weg geschossen, lass sie nur anlaufen.

[...]

(1781, U. 1782 Mannheim)

---

recta [via] – (lat.) geraden Wegs; *Expressen* – Eilbote; *Mordbleu!* – (frz. morbleu) verflucht; *Gomorrha und Sodom* – Sodom und Gomorrha als Bezeichnung eines Zustandes der Lasterhaftigkeit, nach dem Alten Testament von Gott wegen ihrer Lasterhaftigkeit vernichtete Städte; *Antezessor* – Vorgänger; *über den alten Kaiser zu plündern* – plündern, ohne befürchten zu müssen, zur Verantwortung gezogen zu werden; *in die Mache gegeben* – verpfändet [?]

Heinrich von Kleist *Prinz Friedrich von Homburg. Ein Schauspiel*

| In der Nacht vor der Schlacht bei Fehrbellin: Prinz Friedrich Arthur von Homburg, General der Reiterei, ist verliebt in Prinzessin Natalie von Oranien, die Nichte des Kurfürsten Friedrich Wilhelm von Brandenburg. Er träumt von einem Lorbeerkranz, von Kriegsruhm und davon, Natalies Liebe

zu erringen. Voller Ungestüm greift er, offensichtlich nicht im Klaren über Befehle und Schlachtordnung, zu früh in das Geschehen ein und missachtet damit einen ausdrücklichen Befehl. Er erficht einen glänzenden Sieg über die Schweden, verhindert damit aber auch die geplante Vernichtung des Gegners. Der Kurfürst überantwortet den Prinzen von Homburg, der durch seine Kühnheit die Liebe Natalies gewonnen hat, einem Kriegsgericht, das ihn nach dem bestehenden Gesetz zum Tode verurteilt. Der Prinz zweifelt nicht daran, dass ihn der Kurfürst, der ihm seit seiner Jugend wie ein Vater war, begnadigen wird. Als er erfährt, der Kurfürst habe befohlen, dass ihm das Urteil zur Unterschrift vorgelegt wird, und Natalie habe einen schwedischen Heiratsantrag erhalten, verliert er seine Fassung. Gegen ein Ehrenwort lässt ihn der Wachoffizier zur Kurfürstin eilen, wo er in Todesfurcht um Fürsprache fleht. |

DRITTER AKT
VIERTER AUFTRITT

Eine Hofdame tritt auf. – Die Vorigen [= Die Kurfürstin, Prinzessin Natalie].

DIE HOFDAME Prinz Homburg, gnäd'ge Frau, ist vor der Türe!
   Kaum weiß ich wahrlich, ob ich recht gesehn?
DIE KURFÜRSTIN *betroffen* O Gott!
PRINZESSIN NATALIE Er selbst?
DIE KURFÜRSTIN Hat er denn nicht Arrest?
DIE HOFDAME Er steht in Federhut und Mantel draußen
   Und fleht, bestürzt und dringend, um Gehör.
DIE KURFÜRSTIN *unwillig* Der Unbesonnene! Sein Wort zu brechen!
PRINZESSIN NATALIE Wer weiß, was ihn bedrängt.
DIE KURFÜRSTIN *nach einigem Bedenken* Lasst ihn herein. *Sie setzt sich auf einen Stuhl.*

FÜNFTER AUFTRITT

Der Prinz von Homburg tritt auf. – Die Vorigen.

DER PRINZ VON HOMBURG O meine Mutter!
   Er lässt sich auf Knien vor ihr nieder.
DIE KURFÜRSTIN Prinz! Was wollt Ihr hier?
DER PRINZ VON HOMBURG O lass mich deine Knie umfassen, Mutter!
DIE KURFÜRSTIN *mit unterdrückter Rührung* Gefangen seid Ihr, Prinz,
   und kommt hieher!

Was häuft Ihr neue Schuld zu Eurer alten?
DER PRINZ VON HOMBURG *dringend* Weißt du, was mir geschehn?
DIE KURFÜRSTIN Ich weiß um alles!
Was aber kann ich, Ärmste, für Euch tun?
DER PRINZ VON HOMBURG O meine Mutter, also sprächst du nicht,
Wenn dich der Tod umschauerte, wie mich!
Du scheinst mit Himmelskräften, rettenden,
Du mir, das Fräulein, deine Fraun, begabt,
Mir alles rings umher; dem Trossknecht könnt ich,
Dem schlechtesten, der deiner Pferde pflegt,
Gehängt am Halse flehen: rette mich!
Nur ich allein, auf Gottes weiter Erde,
Bin hülflos, ein Verlassner, und kann nichts!
DIE KURFÜRSTIN Du bist ganz außer dir! Was ist geschehn?
DER PRINZ VON HOMBURG Ach! Auf dem Wege, der mich zu dir führte,
Sah ich das Grab, beim Schein der Fackeln, öffnen,
Das morgen mein Gebein empfangen soll.
Sie, diese Augen, Tante, die dich anschaun,
Will man mit Nacht umschatten, diesen Busen
Mit mörderischen Kugeln mir durchbohren.
Bestellt sind auf dem Markte schon die Fenster,
Die auf das öde Schauspiel niedergehn,
Und der die Zukunft, auf des Lebens Gipfel,
Heut, wie ein Feenreich, noch überschaut,
Liegt in zwei engen Brettern duftend morgen,
Und ein Gestein sagt dir von ihm: er war!
Die Prinzessin, welche bisher, auf die Schulter der Hofdame gelehnt, in der Ferne gestanden hat, lässt sich, bei diesen Worten, erschüttert an einem Tisch nieder und weint.
DIE KURFÜRSTIN Mein Sohn! Wenn's so des Himmels Wille ist,
Wirst du mit Mut dich und mit Fassung rüsten!
DER PRINZ VON HOMBURG O Gottes Welt, o Mutter, ist so schön!
Lass mich nicht, fleh ich, eh die Stunde schlägt,
Zu jenen schwarzen Schatten niedersteigen!
Mag er doch sonst, wenn ich gefehlt, mich strafen,
Warum die Kugel eben muss es sein?
Mag er mich meiner Ämter doch entsetzen;
Mit Kassation, wenn's das Gesetz so will,
Mich aus dem Heer entfernen: Gott des Himmels!
Seit ich mein Grab sah, will ich nichts als leben,
Und frage nichts mehr, ob es rühmlich sei!

Die Kurfürstin Steh auf, mein Sohn; steh auf! Was sprichst du da?
  Du bist zu sehr erschüttert. Fasse dich!
Der Prinz von Homburg Nicht, Tante, eh'r, als bis du mir gelobt,
  Mit einem Fußfall, der mein Dasein rette,
  Fleh'nd seinem höchsten Angesicht zu nahn!
  Dir übergab zu Homburg, als sie starb,
  Die Hedwig mich und sprach, die Jugendfreundin:
  »Sei ihm die Mutter, wenn ich nicht mehr bin.«
  Du beugtest tief gerührt, am Bette kniend,
  Auf ihre Hand dich und erwidertest:
  »Er soll mir sein, als hätt ich ihn erzeugt.«
  Nun, jetzt erinnr' ich dich an solch ein Wort!
  Geh hin, als hätt'st du mich erzeugt, und sprich:
  »Um Gnade fleh ich, Gnade! Lass ihn frei!«
  Ach, und komm mir zurück und sprich: »Du bist's!«
Die Kurfürstin *weint* Mein teurer Sohn! Es ist bereits geschehn!
  Doch alles, was ich flehte, war umsonst!
Der Prinz von Homburg Ich gebe jeden Anspruch auf an Glück.
  Nataliens, das vergiss nicht, ihm zu melden,
  Begehr ich gar nicht mehr, in meinem Busen
  Ist alle Zärtlichkeit für sie verlöscht.
  Frei ist sie, wie das Reh auf Heiden, wieder,
  Mit Hand und Mund, als wär ich nie gewesen,
  Verschenken kann sie sich, und wenn's Karl Gustav,
  Der Schweden König, ist, so lob ich sie.
  Ich will auf meine Güter gehn am Rhein,
  Da will ich bauen, will ich niederreißen,
  Dass mir der Schweiß herabtrieft, säen, ernten,
  Als wär's für Weib und Kind, allein genießen,
  Und, wenn ich erntete, von neuem säen,
  Und in den Kreis herum das Leben jagen,
  Bis es am Abend niedersinkt und stirbt.
Die Kurfürstin Wohlan! Kehr jetzt nur heim in dein Gefängnis,
  Das ist die erste Fordrung meiner Gunst!
Der Prinz von Homburg *steht auf und wendet sich zur Prinzessin*
  Du, armes Mädchen, weinst! Die Sonne leuchtet
  Heut alle deine Hoffnungen zu Grab!
  Entschieden hat dein erst Gefühl für mich,
  Und deine Miene sagt mir, treu wie Gold,
  Du wirst dich nimmer einem andern weihn.
  Ja, was erschwing ich, Ärmster, das dich tröste?

Geh an den Main, rat ich, ins Stift der Jungfraun,
Zu deiner Base Thurn, such in den Bergen
Dir einen Knaben, blondgelockt wie ich,
Kauf ihn mit Gold und Silber dir, drück ihn
An deine Brust und lehr ihn: Mutter! stammeln,
Und wenn er größer ist, so unterweis ihn,
Wie man den Sterbenden die Augen schließt. –
Das ist das ganze Glück, das vor dir liegt!
NATALIE *mutig und erhebend, indem sie aufsteht und ihre Hand in die seinige legt* Geh, junger Held, in deines Kerkers Haft,
Und, auf dem Rückweg, schau noch einmal ruhig
Das Grab dir an, das dir geöffnet wird!
Es ist nichts finsterer und um nichts breiter,
Als es dir tausendmal die Schlacht gezeigt!
Inzwischen werd ich, in den Tod dir treu,
Ein rettend Wort für dich dem Oheim wagen:
Vielleicht gelingt es mir, sein Herz zu rühren
Und dich von allem Kummer zu befrein!
Pause.
DER PRINZ VON HOMBURG *faltet, in ihrem Anschaun verloren, die Hände* Hätt'st du zwei Flügel, Jungfrau, an den Schultern,
Für einen Engel wahrlich hielt ich dich! –
O Gott, hört ich auch recht? Du für mich sprechen?
– Wo ruhte denn der Köcher dir der Rede
Bis heute, liebes Kind, dass du willst wagen,
Den Herrn in solcher Sache anzugehn? –
– O Hoffnungslicht, das plötzlich mich erquickt!
NATALIE Gott wird die Pfeile mir, die treffen, reichen! –
Doch wenn der Kurfürst des Gesetzes Spruch
Nicht ändern kann, nicht kann: wohlan! so wirst du
Dich tapfer ihm, der Tapfre, unterwerfen:
Und der im Leben tausendmal gesiegt,
Er wird auch noch im Tod zu siegen wissen!
DIE KURFÜRSTIN Hinweg! – Die Zeit verstreicht, die günstig ist!
DER PRINZ VON HOMBURG Nun, alle Heil'gen mögen dich beschirmen!
Leb wohl! Leb wohl! Und was du auch erringst,
Vergönne mir ein Zeichen vom Erfolg!
Alle ab.

(e. 1809/11; U. 1821 Wien)

Georg Büchner *Woyzeck. Ein Fragment*

| Woyzeck verdient mühselig den Lebensunterhalt für Marie und sein Kind. Der Sold, den er als Stadtsoldat erhält, ist so gering, dass er hinzuverdienen muss. So rasiert er beispielsweise seinen Hauptmann, der ihm Vorwürfe macht, »ein Kind ohne den Segen der Kirche« zu haben. Den größten Teil seiner kleinen Nebeneinnahmen erhält Woyzeck jedoch von einem Doktor, der ihn für ein ›wissenschaftliches Experiment‹ gebraucht: Woyzeck darf nur Erbsen essen, wovon offensichtlich seine Halluzinationen herrühren. Die schöne Marie sehnt sich danach, der Ärmlichkeit und Enge zu entfliehen. Der Tambourmajor scheint diese Sehnsucht zu erfüllen. |

Mariens Kammer

Marie *sitzt, ihr Kind auf dem Schoß, ein Stückchen Spiegel in der Hand* Der andre hat ihm befohlen und er hat gehen müssen! – *Bespiegelt sich.* Was die Steine glänzen! Was sind's für? was hat er gesagt? – – Schlaf, Bub! Drück die Augen zu, fest! *Das Kind versteckt die Augen hinter den Händen.* Noch fester! Bleib so – still oder er holt dich! *Singt.*
  Mädel, mach's Ladel zu,
  's kommt e Zigeunerbu,
  Führt dich an deiner Hand
  Fort ins Zigeunerland.
Spiegelt sich wieder. 's ist gewiss Gold! Wie wird mir's beim Tanz stehen? Unsereins hat nur ein Eckchen in der Welt und ein Stückchen Spiegel und doch hab ich ein' so roten Mund als die großen Madamen mit ihren Spiegeln von oben bis unten und ihren schönen Herrn, die ihnen die Händ' küssen. Ich bin nur ein arm Weibsbild! – *Das Kind richtet sich auf.* Still, Bub, die Augen zu! Das Schlafengelchen! wie's an der Wand läuft – *Sie blinkt mit dem Glas.* Die Auge zu oder es sieht dir hinein, dass du blind wirst! *Woyzeck tritt herein, hinter sie. Sie fährt auf, mit den Händen nach den Ohren.*
Woyzeck Was hast du?
Marie Nix.
Woyzeck Unter deinen Fingern glänzt's ja.
Marie Ein Ohrringlein; hab's gefunden.
Woyzeck Ich hab so noch nix gefunden, zwei auf einmal!
Marie Bin ich ein Mensch?
Woyzeck 's is gut, Marie. – Was der Bub schläft! Greif ihm unters Ärmchen, der Stuhl drückt ihn. Die hellen Tropfen stehn ihm auf der Stirn; alles Arbeit unter der Sonn', sogar Schweiß im Schlaf. Wir arme

Leut'! – Da is wieder Geld, Marie; die Löhnung und was von mei'm Hauptmann.
MARIE Gott vergelt's, Franz.
WOYZECK Ich muss fort. Heut abend, Marie! Adies!
MARIE *allein, nach einer Pause* Ich bin doch ein schlecht Mensch! Ich könnt mich erstechen. – Ach! was Welt! Geht doch alles zum Teufel, Mann und Weib!

(BA 1879, U. 1913 München)

Christian Friedrich Hebbel *Maria Magdalena. Ein bürgerliches Trauerspiel in drei Akten*

| Klara und Karl sind die Kinder des Tischlermeisters Anton. Karl will von zu Hause weg. Er wird verdächtigt, Juwelen gestohlen zu haben, was der Vater ihm ohne weiteres zutraut. Meister Anton setzt Klara mit der Androhung unter Druck, sich umzubringen, falls auch sie die Familienehre befleckt. Klara ist verzweifelt, weil sie keinen Ausweg sieht. Sie ist schwanger von ihrem ungeliebten Verlobten Leonhard, der auf eine große Mitgift spekuliert hatte und sie verlässt, als er erfährt, dass diese Spekulation nicht aufgeht. Als Grund für die Auflösung des Verlöbnisses gibt er den (angeblichen) Diebstahl Karls an. Klaras Jugendfreund, der sie noch immer liebt, kann sich jedoch nicht darüber hinwegsetzen, dass sie ein Kind von einem anderen Mann erwartet. Eine Heirat ist also unmöglich. Er kann ›lediglich‹ den ehrlosen Verlobten im Duell erschießen. Was bleibt, ist die Not Klaras. |

DRITTER AKT, ACHTE SZENE

Klara tritt ein.
KARL Endlich! Du solltest auch nur nicht so viel küssen! Wo sich vier rote Lippen zusammenbacken, da ist dem Teufel eine Brücke gebaut! Was hast du da?
KLARA Wo? Was?
KARL Wo? Was? In der Hand!
KLARA Nichts!
KARL Nichts? Sind das Geheimnisse? *Er entreißt ihr Leonhards Brief.* Her damit! Wenn der Vater nicht da ist, so ist der Bruder Vormund!
KLARA Den Fetzen hab ich fest gehalten, und doch geht der Abendwind so stark, dass er die Ziegel von den Dächern wirft! Als ich an der Kirche vorbeiging, fiel einer dicht vor mir nieder, sodass ich mir den Fuß daran zerstieß. O Gott, dacht ich, noch einen! und stand still! Das wäre so

schön gewesen, man hätte mich begraben und gesagt: sie hat ein Unglück gehabt! Ich hoffte umsonst auf den zweiten!

KARL *der den Brief gelesen hat* Donner und – Kerl, den Arm, der das schrieb, schlag ich dir lahm! Hol mir eine Flasche Wein! Oder ist deine Sparbüchse leer?

KLARA Es ist noch eine im Hause. Ich hatte sie heimlich für den Geburtstag der Mutter gekauft und beiseite gestellt. Morgen wäre der Tag – *Sie wendet sich.*

KARL Gib sie her!

Klara bringt den Wein.

KARL *trinkt hastig* Nun könnten wir denn wieder anfangen. Hobeln, sägen, hämmern, dazwischen essen, trinken und schlafen, damit wir immerfort hobeln, sägen und hämmern können, sonntags ein Kniefall obendrein: Ich danke dir, dass ich hobeln, sägen und hämmern darf! *Trinkt.* Es lebe jeder brave Hund, der an der Kette nicht um sich beißt! *Er trinkt wieder.* Und noch einmal: er lebe!

KLARA Karl, trink nicht so viel! Der Vater sagt, im Wein sitzt der Teufel!

KARL Und der Priester sagt, im Wein sitzt der liebe Gott! *Er trinkt.* Wir wollen sehen, wer recht hat! Der Gerichtsdiener ist hier im Hause gewesen – wie betrug er sich?

KLARA Wie in der Diebsherberge. Die Mutter fiel um und war tot, sobald er nur den Mund aufgetan hatte!

KARL Gut! Wenn du morgen früh hörst, dass der Kerl erschlagen gefunden worden ist, so fluche nicht auf den Mörder!

KLARA Karl, du wirst doch nicht –

KARL Bin ich sein einziger Feind? Hat man ihn nicht schon oft angefallen? Es dürfte schwer halten, aus so vielen, denen das Stück zuzutrauen wäre, den rechten herauszufinden, wenn dieser nur nicht Stock oder Hut auf dem Platz zurücklässt. *Er trinkt.* Wer es auch sei: auf gutes Gelingen!

KLARA Bruder, du redest –

KARL Gefällts dir nicht? Lass gut sein! Du wirst mich nicht lange mehr sehen!

KLARA *zusammenschaudernd* Nein!

KARL Nein? Weißt dus schon, dass ich zur See will? Kriechen mir die Gedanken auf der Stirn herum, dass du sie lesen kannst? Oder hat der Alte nach seiner Art gewütet und gedroht, mir das Haus zu verschließen? Pah! Das wär nicht viel anders, als wenn der Gefängnisknecht mir zugeschworen hätte: du sollst nicht länger im Gefängnis sitzen, ich stoße dich hinaus ins Freie!

KLARA Du verstehst mich nicht!

KARL *singt*
    Dort bläst ein Schiff die Segel,
    Frisch saust hinein der Wind!
Ja, wahrhaftig, jetzt hält mich nichts mehr an der Hobelbank fest! Die Mutter ist tot, es gibt keine mehr, die nach jedem Sturm aufhören würde, Fische zu essen, und von Jugend auf wars mein Wunsch. Hinaus! Hier gedeih ich nicht oder erst dann, wenn ichs gewiss weiß, dass das Glück dem Mutigen, der sein Leben aufs Spiel setzt, der ihm den Kupferdreier, den er aus dem großen Schatz empfangen hat, wieder hinwirft, um zu sehen, ob es ihn einsteckt oder ihn vergoldet zurückgibt, nicht mehr günstig ist.

KLARA Und du willst den Vater allein lassen? Er ist sechzig Jahr!

KARL Allein? Bleibst du ihm nicht?

KLARA Ich?

KARL Du! Sein Schoßkind! Was wächst dir für Unkraut im Kopf, dass du fragst! Seine Freude lass ich ihm und von seinem ewigen Verdruss wird er befreit, wenn ich gehe, warum sollt ichs denn nicht tun? Wir passen ein für alle Mal nicht zusammen, er kanns nicht eng genug um sich haben, er möchte seine Faust zumachen und hineinkriechen, ich möchte meine Haut abstreifen wie den Kleinkinderrock, wenns nur ginge! *Singt.*
    Der Anker wird gelichtet,
    Das Steuer flugs gerichtet,
        Nun fliegts hinaus geschwind!
Sag selbst, hat er auch nur einen Augenblick an meiner Schuld gezweifelt? Und hat er in seinem überklugen: Das hab ich erwartet! Das hab ich immer gedacht! Das konnte nicht anders enden! nicht den gewöhnlichen Trost gefunden? Wärst dus gewesen, er hätte sich umgebracht! Ich möcht ihn sehen, wenn du ein Weiberschicksal hättest! Es würde ihm sein, als ob er selbst in die Wochen kommen sollte! Und mit dem Teufel dazu!

KLARA O, wie das an mein Herz greift! Ja, ich muss fort, fort!

KARL Was soll das heißen?

KLARA Ich muss in die Küche – was wohl sonst? *Fasst sich an die Stirn.* Ja! Das noch! Darum allein ging ich ja noch wieder zu Hause! *Ab.*

KARL Die kommt mir ganz sonderbar vor! *Singt.*
    Ein kühner Wasservogel
        Kreist grüßend um den Mast!

KLARA *tritt wieder ein* Das Letzte ist getan, des Vaters Abendtrank steht am Feuer. Als ich die Küchentür hinter mir anzog und ich dachte: du trittst nun nie wieder hinein! ging mir ein Schauer durch die Seele. So werd ich auch aus dieser Stube gehen, so aus dem Hause, so aus der Welt!

KARL *singt, er geht immer auf und ab; Klara hält sich im Hintergrund*
    Manch Fischlein, blank und munter,
        Umgaukelt keck den Gast!

KLARA Warum tu ichs denn nicht? Werd ichs nimmer tun? Werd ichs von Tag zu Tag aufschieben wie jetzt von Minute zu Minute, bis – Gewiss! Darum fort! – Fort! Und doch bleib ich stehen! Ists mir nicht, als obs in meinem Schoß bittend Hände aufhöbe, als ob Augen – *Sie setzt sich auf einen Stuhl.* Was soll das? Bist du zu schwach dazu? So frag dich, ob du stark genug bist, deinen Vater mit abgeschnittener Kehle – *Sie steht auf.* Nein! Nein! – Vater unser, der du bist im Himmel – Geheiliget werde dein Reich – Gott, Gott, mein armer Kopf – ich kann nicht einmal beten – Bruder! Bruder! – Hilf mir –

KARL Was hast du?

KLARA Das Vaterunser! *Sie besinnt sich.* Mir war, als ob ich schon im Wasser läge und untersänke und hätte noch nicht gebetet! Ich – *plötzlich* – Vergib uns unsere Schuld, wie wir vergeben unsern Schuldigern! Da ists! Ja! Ja! ich vergeb ihm gewiss, ich denke ja nicht mehr an ihn! Gute Nacht, Karl!

KARL Willst du schon so früh schlafen gehen? Gute Nacht!

KLARA *wie ein Kind, das sich das Vaterunser überhört* Vergib uns –

KARL Ein Glas Wasser könntest du mir noch bringen, aber es muss recht frisch sein!

KLARA *schnell* Ich will es dir vom Brunnen holen!

KARL Nun, wenn du willst, es ist ja nicht weit!

KLARA Dank! Dank! Das war das Letzte, was mich noch drückte! Die Tat selbst musste mich verraten! Nun werden sie doch sagen: Sie hat ein Unglück gehabt! Sie ist hineingestürzt!

KARL Nimm dich aber in Acht, das Brett ist wohl noch immer nicht wieder vorgenagelt!

KLARA Es ist ja Mondschein! – O Gott, ich komme nur, weil sonst mein Vater käme! Vergib mir, wie ich – Sei mir gnädig – gnädig – *Ab.*

(1844, U. 1846 Leipzig)

Henrik Ibsen *Ein Puppenheim (Nora)*

| Festliche Stimmung im Hause Helmer. Rechtsanwalt Torvald Helmer wurde zum Direktor einer Aktienbank berufen; er hat eine attraktive Frau, drei gesunde Kinder, ein gemütliches Heim und ist guter Dinge. Doch die entspannte

Atmosphäre trügt. Nora, seine Frau, hat Angst. Unter der Post ist auch ein Erpresserbrief. Vor Jahren war ihr Mann schwer erkrankt, sein Leben hing ab von einem langen kostspieligen Aufenthalt im Süden. Nicht ihr Vater, sondern sie hatte das dafür erforderliche Geld beschafft, indem sie auf einem Schuldschein die Unterschrift ihres Vaters fälschte. Durch anstrengende Nebenarbeit, von der ihr Mann nichts ahnte, hat sie das Geld bis auf einen kleinen Rest zurückgezahlt. Der Brief stammt von ihrem Gläubiger, der in Torvalds Bank arbeitet, aber gekündigt werden soll. Mit diesem Brief will er Torvald über den Sachverhalt informieren, um so seine Wiedereinstellung zu erzwingen. Nora hat Angst vor der Reaktion ihres Mannes. |

3. Akt

[...]

HELMER [...] *umarmt sie* O du mein geliebtes Weib! Mir ist, als könne ich dich nicht fest genug halten. Weißt du, Nora – mitunter wünsche ich mir, es möchte dir eine große Gefahr drohen, damit ich Blut und Leben und alles, alles für dich wagen könnte.

NORA *reisst sich los und sagt fest und entschlossen* Jetzt sollst du deine Briefe lesen, Torvald!

HELMER Nein, nein, jetzt nicht. Ich will bei dir sein, Liebste.

NORA Mit dem Gedanken an deinen sterbenden Freund?

HELMER Du hast recht. Das hat uns beide erschüttert. Damit ist etwas Unschönes zwischen uns getreten, der Gedanke an Tod und Auflösung. Davon müssen wir erst loszukommen suchen. Bis dahin ... Wir wollen jeder in sein Zimmer gehen.

NORA *an seinem Hals* Torvald – gute Nacht! Gute Nacht!

HELMER *küsst sie auf die Stirn* Gute Nacht, mein Singvögelchen! Schlaf gut, Nora! – Ich sehe noch die Post durch. *Er geht mit den Briefen in sein Zimmer und macht die Tür hinter sich zu.*

NORA *mit irren Augen, tastet umher, greift nach Helmers Domino, wirft ihn sich um und flüstert heiser, gehetzt und dann wieder stockend* Ihn nie wieder sehen! Nie, nie! *Wirft sich den Schal über den Kopf.* Die Kinder nie wieder sehen! Auch die nicht! Niemals, niemals! Das eiskalte schwarze Wasser! Die dunkle Tiefe! Ach, wenn's doch schon vorüber wäre! – Jetzt hat er den Brief, jetzt liest er ihn! Nein, nein! Noch nicht! Torvald, leb wohl – du und die Kinder ...

Sie will hinausstürzen. In diesem Moment reißt Helmer seine Tür auf und steht mit einem offenen Brief in der Hand da.

HELMER Nora!

NORA *schreit laut* Ah!

HELMER Was bedeutet das? Weißt du, was in diesem Brief steht?
NORA Ja, ich weiß es. Lass mich gehen! Lass mich hinaus!
HELMER *hält sie zurück* Wo willst du hin?
NORA *versucht sich loszureißen* Du sollst mich nicht retten, Torvald!
HELMER *taumelt zurück* Wahr! Es ist also wahr, was er schreibt? – Entsetzlich! Nein, nein! Das ist doch unmöglich, das kann nicht wahr sein!
NORA Es ist wahr. Ich habe dich über alles in der Welt geliebt.
HELMER Komm mir nicht mit albernen Ausflüchten!
NORA *macht einen Schritt auf ihn zu* Torvald!
HELMER Du Unselige – was hast du getan!
NORA Lass mich gehen! Du sollst nicht dafür einstehen! Du sollst nicht die Schuld auf dich nehmen!
HELMER Lass diese Komödie! *Verriegelt die Tür zur Diele.* Hier bleibst du und stehst mir Rede und Antwort! Weißt du, was du getan hast? Antworte mir! Weißt du das?
NORA *blickt ihn unverwandt an und sagt mit erstarrender Miene* Ja. Jetzt beginne ich zu begreifen – alles von Grund auf.
HELMER *geht im Zimmer umher* Welch ein entsetzliches Erwachen für mich! Sie, auf die ich so stolz war – in den ganzen acht Jahren war sie eine Heuchlerin, eine Lügnerin – schlimmer, schlimmer: eine Verbrecherin! Oh, pfui, wie abstoßend und erbärmlich ist das alles! *Nora schweigt und blickt ihn immer noch unverwandt an. Helmer bleibt vor ihr stehen.* Ich hätte mir denken können, dass so etwas geschehen würde! Ich hätte es voraussehen müssen! Die leichtsinnigen Grundsätze deines Vaters ... Schweig! Die leichtsinnigen Grundsätze deines Vaters hast du alle geerbt. Keine Religion, keine Moral, kein Pflichtgefühl! Wie bin ich dafür gestraft, dass ich ihm durch die Finger gesehen habe! Um deinetwillen hatte ich das getan. Und du lohnst es mir so!
NORA Ja – so.
HELMER Nun hast du mir mein Leben kaputtgemacht! Meine ganze Zukunft hast du mir verpfuscht! Entsetzlich, daran zu denken! Ich bin in der Gewalt eines gewissenlosen Menschen. Er kann mit mir machen, was er will, kann von mir verlangen, was er will, kann über mich gebieten und mir befehlen, wie ihm beliebt – ich darf nicht mucksen. Und so jämmerlich muss ich abstürzen und zugrunde gehen – durch die Schuld einer leichtsinnigen Frau!
NORA Wenn ich aus der Welt bin, dann bist du frei.
HELMER Mach kein Theater! Solche Redensarten hatte dein Vater auch immer parat. Was würde es mir nützen, dass du »aus der Welt« bist, wie du sagst? Nicht das Geringste. Er kann die Sache trotzdem an die große Glocke hängen. Und tut er das, dann komme ich vielleicht in den Ver-

dacht, von deiner verbrecherischen Tat gewusst zu haben. Man wird vielleicht glauben, ich hätte dahinter gesteckt, ich hätt dich dazu angestiftet! Und das alles habe ich dir zu verdanken, dir, die ich während unserer ganzen Ehe auf Händen getragen habe! Begreifst du nun, was du mir angetan hast?

NORA *mit kalter Ruhe* Ja.

HELMER Es ist so unglaublich, dass ich es nicht fassen kann! Aber wir müssen sehen, wie wir damit fertig werden. Nimm den Schal ab! Nimm ihn ab, sage ich! Ich muss sehen, Krogstad irgendwie abzufinden. Die Sache muss um jeden Preis vertuscht werden. – Was uns angeht – dich und mich –, so muss es aussehen, als ob alles wie bisher sei. Aber natürlich nur vor den Augen der Leute. Du bleibst also weiter hier im Haus. Das ist selbstverständlich. Aber die Erziehung der Kinder, die kann ich dir nicht mehr anvertrauen. Oh, so etwas der Frau sagen zu müssen, die ich so innig geliebt habe und die ich noch …! Na, das muss vorbei sein. Von nun an kommt es nicht mehr auf unser Glück an. Es kommt lediglich noch darauf an, die Fassade zu retten, den Schein zu wahren … *Es läutet. Helmer fährt zusammen.* Was ist das? So spät in der Nacht? Sollte das Schlimmste …? Sollte er …? Versteck dich, Nora! Sag, du seist krank! *Nora bleibt unbeweglich stehen. Helmer öffnet die Tür zur Diele.*

HAUSMÄDCHEN *halb angezogen, in der Diele* Ein Brief für die gnädige Frau!

HELMER Gib her! *Greift nach dem Brief und schließt die Tür.* Ja, von ihm. Du kriegst ihn nicht, ich will ihn selbst lesen.

NORA Lies ihn!

HELMER *an der Lampe* Ich habe fast nicht den Mut dazu. Vielleicht sind wir verloren, du und ich. Aber ich muss wissen, was er schreibt. *Bricht den Brief hastig auf und überfliegt ein paar Zeilen, besieht ein beigelegtes Papier, stößt einen Freudenschrei aus.* Nora! *Nora blickt ihn fragend an.* Nora! – Nein, ich muss es noch einmal lesen! – Ja, gewiss, es ist so! Ich bin gerettet! Nora, ich bin gerettet!

NORA Und ich?

HELMER Du auch, natürlich. Wir sind beide gerettet, du und ich. Sieh her! Er schickt dir deinen Schuldschein zurück! Er schreibt, es tue ihm leid und er bereue – eine glückliche Wendung in seinem Leben … Ach, es ist ja egal, was er schreibt! Wir sind gerettet, Nora! Niemand kann dir etwas anhaben. Ach, Nora, Nora … Aber erst muss dieses schreckliche Zeug hier aus der Welt! Lass sehen … *Wirft einen Blick auf den Schuldschein.* Nein, ich will es gar nicht sehen. Die ganze Geschichte soll für mich weiter nichts als ein böser Traum gewesen sein. *Zerreißt den*

Schuldschein und beide Briefe, wirft die Fetzen in den Ofen und sieht zu, wie sie verbrennen. So. Nun ist es aus der Welt! – Er schrieb, dass du seit dem Heiligen Abend ... Oh, das müssen drei schreckliche Tage für dich gewesen sein, Nora!

NORA Ich habe in diesen drei Tagen einen harten Kampf gekämpft.

HELMER Und bist vor Angst vergangen und hast keinen anderen Ausweg gesehen als ...? Doch wir wollen nicht mehr an das Schreckliche denken! Wir wollen nur immer wieder jubeln: Es ging vorüber, es ging vorüber! Hör doch nur, Nora! Du scheinst es noch nicht zu fassen: Es ist an uns vorübergegangen! Was hast du denn nur? Diese starre Miene! Ach, arme kleine Nora, ich verstehe dich schon: du kannst es immer noch nicht glauben, dass ich dir verziehen habe. Doch, das habe ich, Nora! Ich schwöre dir, ich habe dir alles vergeben. Ich weiß ja, was du getan hast, das hast du aus Liebe zu mir getan.

NORA Das ist wahr.

HELMER Du hast mich geliebt, wie eine Frau ihren Mann lieben soll. Du hast dich nur in der Wahl der Mittel vergriffen. Aber glaubst du, ich liebte dich weniger, weil du nicht selbstständig zu handeln vermagst? Aber nein! Stütz dich nur auf mich, ich will dir Führer und Berater sein. Ich müsste kein Mann sein, wenn nicht gerade diese weibliche Hilflosigkeit dich in meinen Augen doppelt anziehend machte! Vergiss die harten Worte, die mir im ersten Schreck entfuhren, als ich glaubte, alles müsse über mir zusammenstürzen. Ich habe dir verziehen, Nora. Ich schwöre dir, ich habe dir vergeben.

NORA Ich danke dir für deine Vergebung. *Sie geht in das Zimmer rechts.*

HELMER Aber bleib doch hier! *Blickt durch die Tür.* Was willst du denn dort drin?

NORA *aus dem Nebenzimmer* Das Maskenkostüm ausziehen.

HELMER *an der offenen Tür* Ja, tu das! Und sieh zu, dass du dich beruhigst und wieder ins Gleichgewicht kommst, mein scheu gewordenes Vögelchen! Ruhe unter meinem Schutz, ich habe breite Fittiche! *Geht in der Nähe der Tür umher.* Ach, wie hübsch und gemütlich ist es doch bei uns, Nora! Hier bist du in sicherer Hut, du meine Taube, die ich den Krallen des Habichts entrissen habe. Ich werde dein armes pochendes Herz schon wieder zur Ruhe bringen! Mit der Zeit wird mir das gelingen, Nora, glaube mir! Schon morgen wirst du alles in ganz anderem Licht sehen. Und bald wird alles wie früher sein. Ich werde dir nicht immer wieder sagen müssen, dass ich dir vergeben habe. Dein Gefühl wird es dir bestätigen. Wie kannst du nur denken, ich brächte es über mich, dich zu verstoßen oder dir auch nur einen Vorwurf zu machen? Ach, da weißt du nicht, wie ein wirklicher Mann empfindet! Es liegt für einen Mann so etwas unbeschreiblich Süßes und Befriedigendes in dem Bewusstsein, seiner Frau verziehen, ihr aus vollem, aufrichtigem Herzen vergeben zu haben. Sie ist ja dadurch gewissermaßen doppelt sein Eigentum geworden. Es ist, als habe er ihr ein zweites Leben geschenkt. Sie ist, möchte ich sagen, ihm nun Frau und Kind zugleich. Das sollst du mir nun sein von heute an, du kleines rat- und hilfloses Wesen! Du brauchst vor nichts mehr Angst zu haben, Norachen! Sei nur immer offen zu mir, dann werde ich für dich handeln und dir die Verantwortung abnehmen. – Was ist los? Du willst noch nicht zu Bett? Du hast dich umgezogen?

NORA *in ihrem Alltagskleid* Ja, Torvald, ich habe mich umgezogen.

HELMER Aber warum nur? Jetzt noch, so spät?

NORA Heute Nacht werde ich nicht schlafen.

HELMER Aber, liebe Nora ...

NORA *sieht auf ihre Uhr* Es ist noch nicht allzu spät. Setz dich, Torvald! Wir haben viel zu besprechen, wir beide. *Sie setzt sich auf die eine Seite des Tisches.*

HELMER Nora, was bedeutet das? Diese starre Miene ...

NORA Setz dich! Es wird lange dauern. Ich habe mit dir über vieles zu sprechen.

HELMER *setzt sich ihr gegenüber an den Tisch* Du machst mir Angst, Nora. Ich verstehe dich nicht.

NORA Das ist es gerade. Du verstehst mich nicht. Und ich habe dich auch nicht verstanden – bis heute Abend. Nein, unterbrich mich nicht! Du sollst nur zuhören, was ich dir zu sagen habe. – Ich halte Abrechnung, Torvald!

HELMER Wie meinst du das?

NORA *nach kurzem Schweigen* Wie wir hier sitzen, fällt dir da nicht etwas auf?

HELMER Was soll mir denn auffallen?

NORA Acht Jahre sind wir jetzt verheiratet. Fällt dir nicht auf, dass wir beide – du und ich, Mann und Frau – jetzt zum ersten Mal ernsthaft miteinander reden?

HELMER Ernsthaft? Was willst du damit sagen?

NORA Volle acht Jahre, nein, länger – vom ersten Tag unserer Bekanntschaft an haben wir nie ein ernstes Wort über ernste Dinge gewechselt.

HELMER Hätte ich dir denn stets und ständig mit meinen Sorgen kommen sollen, die du mir doch nicht abnehmen konntest?

NORA Ich spreche nicht von Sorgen. Ich meine, wir haben uns nie zusammengesetzt, um über grundsätzliche Dinge ernsthaft zu sprechen.

HELMER Aber liebste Nora, wäre denn das etwas für dich gewesen?

NORA Jetzt sind wir beim Kern der Sache. Du hast mich nie verstanden. – Es ist viel an mir gesündigt worden, Torvald. Erst von Papa und dann von dir.

HELMER Was? Von uns beiden, die dich über alles in der Welt geliebt haben?

NORA *schüttelt den Kopf* Ihr habt mich nie geliebt. Ihr habt es bloß reizvoll gefunden, in mich verliebt zu sein.

HELMER Aber Nora, wie kannst du das sagen!

NORA Es ist aber so, Torvald. Als ich zu Haus bei Papa war, dozierte er mir alle seine Ansichten, und da hatte ich dieselben Ansichten. Und wenn ich einmal anders dachte, behielt ich es für mich, weil er's nicht gern gesehen hätte. Er nannte mich sein Puppenkind und spielte mit mir, wie ich mit meinen Puppen spielte. Dann kam ich zu dir ins Haus ...

HELMER Was für einen Ausdruck gebrauchst du da für unsere Ehe?

NORA *unbeirrt* Ich meine, dann ging ich aus Papas Händen in deine über. Du richtetest alles nach deinem Geschmack ein und ich nahm deinen Geschmack an. Oder ich tat bloß so, ich weiß nicht recht ... Ich glaube, es war beides, bald das eine und bald das andere. Wenn ich jetzt zurückdenke, dann finde ich, dass ich ein recht armseliges Leben geführt habe – nur von der Hand in den Mund. Ich habe davon gelebt, dir Kunststückchen vorzumachen. Aber du wolltest es ja so haben. Du und Papa, ihr habt euch schwer an mir versündigt. Ihr seid schuld, dass aus mir nichts geworden ist.

HELMER Nora, wie ungerecht und undankbar du doch bist! Bist du hier nicht glücklich gewesen?

NORA Nein, nie! Ich habe es geglaubt, aber ich bin es nie gewesen.

HELMER Nicht – nicht glücklich?!

NORA Nein, nur vergnügt. Und du bist immer so nett zu mir gewesen. Aber unser Heim war nichts weiter als eine Spielstube. So, wie ich zu Haus Papas Puppenkind war, bin ich hier deine Puppenfrau gewesen. Und die Kinder, die waren wieder meine Puppen. Ich fand es amüsant, wenn du mit mir spieltest, so wie es den Kindern Spaß machte, wenn ich mit ihnen spielte. Das ist unsere Ehe gewesen, Torvald.

HELMER Daran ist etwas Wahres, so übertrieben und überspannt deine Worte auch sind. Doch nun soll es anders werden. Die Zeit des Spielens ist vorbei. Nun kommt die Zeit der Erziehung.

NORA Wessen Erziehung? Meine oder die der Kinder?

HELMER Deine und die der Kinder, meine geliebte Nora.

NORA Ach, Torvald, du bist nicht der Mann, mich zu einer Frau zu erziehen, wie du sie brauchtest.

HELMER Und das sagst du?

NORA Und ich – habe ich denn die Reife, die Kinder zu erziehen?
HELMER Nora!
NORA Hast du nicht eben selbst gesagt, du könntest mir die Erziehung der Kinder nicht anvertrauen?
HELMER In der ersten Erregung! Wie kannst du dem solches Gewicht beimessen!
NORA Oh, damit hattest du durchaus Recht. Ich bin der Kindererziehung nicht gewachsen. Zunächst steht eine andere Aufgabe vor mir. Mich selbst muss ich erziehen. Und du bist nicht der Mann, mir dabei zu helfen. Damit muss ich schon allein fertig werden. Und deshalb verlasse ich dich jetzt.
HELMER *springt auf* Was sagst du da?
NORA Ich muss mir ganz selbst überlassen sein, wenn ich mir über mich selbst und meine Umwelt klar werden soll. Deshalb kann ich nicht länger bei dir bleiben.
HELMER Nora!
NORA Ich gehe jetzt gleich, Kristine wird mich für diese Nacht aufnehmen.
HELMER Du bist wahnsinnig! Das darfst du nicht! Ich verbiete es dir!
NORA Von jetzt an hat es keinen Zweck, mir etwas zu verbieten. Ich nehme mit, was mir persönlich gehört. Von dir will ich nichts haben, weder jetzt noch irgendwann.
HELMER Was für ein Irrsinn!
NORA Morgen reise ich nach Haus – ich meine: in meine alte Heimatstadt. Dort wird sich am ehesten irgendeine Arbeit für mich finden lassen.
HELMER O du verblendetes, unerfahrenes Geschöpf!
NORA Also muss ich mir Erfahrung erwerben, Torvald.
HELMER Dein Heim zu verlassen, deinen Mann und deine Kinder! Und was die Leute sagen werden, daran denkst du wohl gar nicht?
NORA Darauf kann ich keine Rücksicht nehmen. Ich weiß nur, dass es für mich notwendig ist.
HELMER Das ist empörend! Kannst du so deine heiligsten Pflichten vergessen?
NORA Was nennst du meine heiligsten Pflichten?
HELMER Das muss ich dir erst sagen? Muss ich dich erinnern an die Pflichten gegen deinen Mann und deine Kinder?
NORA Ich habe andere Pflichten, die ebenso heilig sind.
HELMER Die hast du nicht! Was für Pflichten sollten das wohl sein?
NORA Die Pflichten gegen mich selbst.
HELMER Vor allem andern bist du Gattin und Mutter!

Nora Das glaube ich nicht mehr. Ich glaube, dass ich vor allem andern Mensch bin, so gut wie du – vielmehr: ich muss versuchen, es zu werden. Ich weiß wohl, Torvald, dass die meisten Leute dir Recht geben werden und dass so etwas auch in den Büchern steht. Aber für mich kann nicht maßgebend sein, was die Leute sagen und was in den Büchern steht. Ich muss mich selbst mit den Dingen auseinander setzen und mir über sie klar werden.

Helmer Du solltest dir nicht über deine Stellung in der eigenen Familie klar sein? Hast du nicht in solchen Fragen einen untrüglichen Wegweiser? Hast du nicht die Religion?

Nora Ach, Torvald, ich weiß ja nicht einmal, was Religion eigentlich ist.

Helmer Was sagst du da?

Nora Ich weiß nur das, was Pastor Hansen im Konfirmationsunterricht gesagt hat. Er hat uns beigebracht, Religion sei das und das. Wenn ich all das hier hinter mir habe und für mich allein bin, will ich auch untersuchen, ob es richtig ist, was Pastor Hansen gesagt hat. Oder vielmehr, ob es für m i c h richtig ist.

Helmer Nein, das ist doch unerhört! Dass eine junge Frau so etwas über die Lippen bringt! – Aber wenn die Religion keinen Einfluss auf dich hat, so lass wenigstens mich dein Gewissen aufrütteln! Denn moralisches Gefühl, das hast du doch wohl? Oder hast du vielleicht auch das nicht? Antworte!

Nora Ach, Torvald, es ist nicht leicht, darauf zu antworten. Ich weiß es wirklich nicht. Ich sehe in diesen Dingen absolut nicht klar. Ich weiß nur, dass ich dergleichen ganz anders sehe als du. Ich höre ja nun auch, dass die Gesetze anders sind, als ich dachte. Aber dass sie richtig sein sollen, das will mir ganz und gar nicht in den Kopf. Eine Frau soll also nicht das Recht haben, ihren sterbenden alten Vater zu schonen und das Leben ihres Mannes zu retten? Das glaube ich nicht!

Helmer Du sprichst wie ein Kind. Du verstehst die Gesellschaft nicht, in der du lebst.

Nora Nein, ich verstehe sie nicht, da hast du Recht. Aber jetzt will ich mich näher mit ihr befassen. Ich muss dahinter kommen, wer Recht hat, die Gesellschaft oder ich.

Helmer Du bist krank, Nora. Du hast Fieber. Ich glaube beinahe, du bist nicht bei klarem Verstand.

Nora Ich war noch nie so klar und meiner so sicher wie jetzt.

Helmer Und mit klarem Bewusstsein verlässt du deinen Mann und deine Kinder?

Nora Ja, das tue ich.

Helmer Dann ist nur e i n e Erklärung möglich.

NORA Welche?
HELMER Du liebst mich nicht mehr.
NORA Nein, das ist es ja.
HELMER Nora! – Und das sagst du so hin?
NORA Es tut mir weh, Torvald. Du bist immer gut zu mir gewesen. Aber ich kann's nicht ändern: ich liebe dich nicht mehr.
HELMER *mit mühsam erkämpfter Fassung* Auch dies ist deine klare und feste Überzeugung?
NORA Ja, meine klare und feste Überzeugung. Und deswegen will ich nicht mehr bei dir bleiben.
HELMER Und kannst du mir sagen, wodurch ich deine Liebe verloren habe?
NORA Ja, das kann ich. Es war heute abend, als das Wunderbare ausblieb. Da sah ich, dass du nicht der Mann bist, für den ich dich gehalten hatte.
HELMER Erklär dich deutlicher, ich begreife dich nicht!
NORA Ich hatte so geduldig gewartet, acht Jahre hindurch. Du lieber Himmel, ich sah doch ein, dass das Wunderbare nicht wie etwas Alltägliches kommen kann! Da türmte sich dieses Entsetzliche vor mir auf. Und nun war ich felsenfest überzeugt: Jetzt kommt das Wunderbare! Als Krogstads Brief im Kasten steckte – keinen Moment ist mir da der Gedanke gekommen, du könntest den Forderungen dieses Menschen nachgeben. Ich war so felsenfest überzeugt, du würdest ihm erwidern: Mach nur die Sache der ganzen Welt bekannt! Und dann ...
HELMER Ja, was dann? Wenn ich meine eigene Frau der Schmach und Schande preisgegeben hätte?
NORA Dann – daran habe ich so fest geglaubt –, dann würdest du vor die Öffentlichkeit treten, würdest alles auf dich nehmen und sagen: Der Schuldige bin ich.
HELMER Nora!
NORA Du meinst, ein solches Opfer hätte ich niemals angenommen? Nein, selbstverständlich nicht. Aber was hätten meine Erklärungen gegenüber deinen gegolten? – Das war das Wunderbare, auf das ich voll Bangen wartete und hoffte. Und um das zu verhindern, wollte ich aus dem Leben gehen.
HELMER Mit Freuden würde ich Tag und Nacht für dich arbeiten, Nora, deinetwegen Not und Sorgen auf mich nehmen. Aber keiner opfert dem Menschen, den er liebt, seine Ehre.
NORA Das haben hunderttausend Frauen getan!
HELMER Ach, du denkst und sprichst wie ein unverständiges Kind!
NORA Mag sein. Aber du denkst und sprichst nicht wie der Mann, dem ich mich noch weiter zugehörig fühlen kann. Als deine Angst vorbei

war – nicht vor dem, was m i r drohte, sondern vor der Gefahr, der du selbst ausgesetzt warst –, als die Gefahr für dich vorüber war, da tatest du so, als ob gar nichts geschehen wäre. Ich war wieder deine kleine Lerche, deine Puppe, die du nun doppelt behutsam auf Händen tragen wolltest, weil sie ja so schwach und zerbrechlich ist. *Erhebt sich.* Torvald, in jenem Augenblick kam es mir zum Bewusstsein, dass ich acht Jahre lang mit einem fremden Mann gelebt, dass ich mit einem fremden Mann drei Kinder gehabt habe. Oh, ich darf nicht daran denken! Ich könnte mich selbst in Stücke reißen!

HELMER *sehr bedrückt* Ich sehe wohl, es hat sich ein Abgrund zwischen uns aufgetan. – Aber sollte er sich nicht überbrücken lassen, Nora?

NORA So, wie ich jetzt bin, bin ich keine Frau für dich.

HELMER Ich habe die Kraft, ein anderer zu werden.

NORA Vielleicht – wenn die Puppe dir weggenommen wird.

HELMER Trennen, ich mich von dir trennen – nein, Nora! Ich kann es nicht fassen!

NORA Um so notwendiger ist es. *Sie geht in das Zimmer rechts und kommt mit Hut und Mantel in der Hand und einer Reisetasche zurück, die sie auf einen Stuhl am Tisch stellt.*

HELMER Nicht jetzt, Nora! Warte bis morgen!

NORA *zieht den Mantel an* Ich kann nicht die Nacht in der Wohnung eines fremden Mannes verbringen.

HELMER Aber könnten wir nicht hier zusammen leben wie Bruder und Schwester?

NORA *bindet den Hut fest* Du weißt ganz genau, dabei würde es nicht lange bleiben. *Nimmt den Schal um.* Leb wohl, Torvald! Die Kleinen will ich nicht sehen. Ich weiß, sie sind in besseren Händen als in meinen. So, wie ich jetzt bin, kann ich ihnen nichts sein.

HELMER Aber später einmal, Nora – später?

NORA Wie kann ich das wissen? Ich weiß ja gar nicht, was aus mir wird.

HELMER Aber du bist meine Frau, Nora, jetzt und allezeit!

NORA Hör zu, Torvald: Wenn eine Frau das Haus ihres Mannes verlässt wie ich jetzt, dann hat er nach dem Gesetz ihr gegenüber keine Verpflichtungen mehr, soviel ich weiß. Jedenfalls entbinde ich dich aller Verpflichtungen. Du sollst dich in keiner Weise gebunden fühlen, ebenso wenig wie ich mich gebunden fühlen will. Beide Teile müssen völlig frei sein. So, hier hast du deinen Ring zurück. Gib mir meinen!

HELMER Auch das noch?

NORA Auch das.

HELMER Hier ist er.

NORA So. Ja, nun ist es also vorbei. Hier lege ich die Schlüssel hin. Die

Mädchen wissen mit allem Bescheid – besser als ich. Morgen nach meiner Abreise kommt Kristine her, um alle Sachen zu packen, die mir gehören. Sie sollen mir nachgeschickt werden.

HELMER Alles vorbei! Nora, wirst du nie mehr an mich denken?

NORA Ich werde sicher oft an dich und die Kinder und das Haus hier denken müssen.

HELMER Darf ich dir schreiben, Nora?

NORA Nein, das darfst du nicht! Niemals!

HELMER Aber schicken darf ich dir doch …

NORA Nein, nichts.

HELMER … dir helfen, falls du etwas brauchst?

NORA Nein, sage ich! Ich nehme von Fremden nichts an.

HELMER Nora – werde ich dir niemals mehr als ein Fremder sein können?

NORA *nimmt ihre Reisetasche* Ach, Torvald, da müsste das größte Wunder geschehen …

HELMER Sage mir, was du damit meinst!

NORA Da müssten wir beide uns so wandeln, dass … Ach, Torvald, ich glaube nicht mehr an Wunder.

HELMER Aber ich will daran glauben. Sprich zu Ende! Uns so wandeln, dass …?

NORA Dass unser Zusammenleben eine Ehe werden könnte. Leb wohl! *Sie geht durch die Diele hinaus.*

HELMER *sinkt auf einen Stuhl neben der Tür und schlägt die Hände vors Gesicht* Nora! Nora! *Blickt sich um und steht auf.* Leer! Sie ist nicht mehr hier! *Eine Hoffnung blitzt in ihm auf.* Das Wunder …?

Unten fällt eine Tür ins Schloss.

(Et dukkehjem, U. 1879 Kopenhagen; Übertragung Bernhard Schulze)

Arthur Schnitzler *Literatur*

| Margarethe steht kurz vor ihrer Verehelichung mit Clemens, einem adligen Rennstallbesitzer. In einem zunächst belanglosen Gespräch gibt Clemens (offenbar nicht das erste Mal) seiner Verwunderung darüber Ausdruck, dass Margarethe, bevor sie sich kennen lernten, in Künstlerkreisen verkehrte und – noch schlimmer – sogar selbst Gedichte verfasst hat. Dass das zur Vergangenheit gehört, ist für Clemens die Bedingung einer gemeinsamen Zukunft. Als sich plötzlich herausstellt, dass Margarethe einen Roman geschrieben hat, der in den kommenden Tagen erscheinen wird, verlässt er außer sich die Wohnung. In diesem Moment kommt ihr früherer Freund Gilbert, um ihr sein neuestes Werk zu offerieren, einen Roman. |

[...]

MARGARETHE Was ist denn das?
GILBERT Mein neuester Roman.
MARGARETHE Sie schreiben Romane?
GILBERT Allerdings.
MARGARETHE Seit wann können Sie denn das?
GILBERT Wie meinen Sie?
MARGARETHE Ach Gott, ich erinnere mich, dass Ihr eigentliches Gebiet die kleine Skizze, die Beobachtung alltäglicher Vorkommnisse ...
GILBERT *aufgeregt* Mein Gebiet? ... Mein Gebiet ist die Welt! Ich schreibe, was mir beliebt! Ich lasse mich nicht umgrenzen. Ich weiß nicht, was mich abhalten sollte, einen Roman zu schreiben!
MARGARETHE Nun, die Ansicht der maßgebenden Kritik war ja doch ...
GILBERT Wer ist maßgebend?
MARGARETHE Ich erinnere mich zum Beispiel an ein Feuilleton von Neumann in der Allgemeinen ...
GILBERT *wütend* Neumann ist ein Kretin! Ich habe ihn geohrfeigt!
MARGARETHE Sie haben ihn ...?
GILBERT Innerlich hab ich ihn geohrfeigt! Du warst damals ebenso empört wie ich. Wir waren vollkommen einig, dass Neumann ein Kretin sei. »Wie darf dieses Nichts wagen ...«, das waren deine Worte, »dir Grenzen abzustecken! Wie darf er es wagen, dein nächstes Buch sozusagen im Mutterleib zu erwürgen?« Du hast es gesagt! Und heute berufst du dich auf diesen Literaturhausierer!
MARGARETHE Ich bitte, schreien Sie doch nicht. Meine Hauswirtin ...
GILBERT Es ist nicht mein Amt, mich um Generalswitwen zu kümmern, wenn meine Nerven vibrieren.
MARGARETHE Ja, was hab ich denn gesagt? Ich kann Ihre Empfindlichkeit wahrhaftig nicht begreifen.
GILBERT Empfindlich? Du nennst mich empfindlich? Du? Ein Weib, das die schwersten Schüttelfröste bekam, wenn der kleinste Schmock im letzten Käseblatt ein böses Wort auszusprechen wagte?
MARGARETHE Ich erinnere mich nicht, dass über mich je ein böses Wort erschienen wäre!
GILBERT So? – Übrigens magst du Recht haben. Gegen hübsche Weiber ist man immer galant.
MARGARETHE Galant? Aus Galanterie hat man meine Gedichte gelobt? Und dein eigenes Urteil ...?
GILBERT Meines? Ich brauche nichts davon zurückzunehmen; ich erlaube mir nur zu bemerken, dass du deine paar hübschen Gedichte in unserer Zeit geschrieben hast.

MARGARETHE Und so rechnest du sie wohl dir zum Verdienst an?
GILBERT Hättest du sie geschrieben, wenn ich nicht gewesen wäre? Sind sie nicht an mich?
MARGARETHE Nein!
GILBERT Wie? Nicht an mich? Es ist ungeheuerlich!
MARGARETHE Nein, sie sind nicht an dich!
GILBERT Ich stehe starr! Soll ich dich an die Situationen erinnern, in welchen deine schönsten Verse entstanden sind?
MARGARETHE Sie waren an ein Ideal gerichtet ...
GILBERT *deutet auf sich.*
MARGARETHE ... dessen zufälliger Vertreter auf Erden du warst.
GILBERT Ha! Kostbar! Woher hast du das? Weißt du, wie der Franzose in einem solchen Falle sagt? »C'est de la littérature!«
MARGARETHE *ihn nachäffend* Ce n'est pas de la littérature! Das ist wahr, vollkommen wahr! Oder glaubst du im Ernst, dass ich dich mit dem schlanken Jüngling gemeint? Dass ich deine Locken besungen habe? – Du bist schon damals dick gewesen – und das waren doch niemals Locken! *Sie fährt ihm in die Haare.*
GILBERT *ergreift bei dieser Gelegenheit ihre Hand und küsst sie.*
MARGARETHE *weicher* Was fällt dir ein!
GILBERT Damals hast du sie dafür gehalten. Oder hast sie wenigstens so genannt. Nun ja, was tut man nicht alles für den Vers, für den Wohlklang! Hab ich dich nicht einmal in einem Sonett »mein kluges Mädchen« genannt? Dabei warst du weder ... Aber nein, ich will nicht ungerecht sein – klug bist du ja gewesen, beschämend klug, widerwärtig klug! Das ist dir gelungen! Im übrigen: wundern muss man sich nicht; du warst ja immer ein Snob. Ach Gott! Jetzt hast du ja deinen Willen. Du hast ihn eingefangen, deinen adeligen Jüngling mit den wohlgepflegten Händen und dem ungepflegten Gehirn, den vortrefflichen Reiter, Fechter, Schützen, Tennisspieler, Herzensbrecher – die Marlitt hätt' ihn nicht ekliger erfinden können. Ja, was willst du denn mehr? Ob dir das auf die Dauer genügen wird, dir, die einmal Höheres gekannt hat, das ist freilich eine andere Frage. Ich kann dir nur sagen: für mich bist du eine Herabgekommene der Liebe.
MARGARETHE Das ist dir auf der Eisenbahn eingefallen.
GILBERT Soeben ist es mir eingefallen, in diesem Augenblick!
MARGARETHE So schreib's dir auf, es ist ein gutes Wort.
GILBERT Ich hab noch eins für dich: Früher warst du Weib, jetzt bist du Weibchen. Ja, das bist du! Was hat dich denn zu einem Menschen von dieser Sorte hingelockt? Nichts als der Trieb, der ganz gemeine Trieb!
MARGARETHE Ich bitte dich, du hast Ursache –!

GILBERT Liebes Kind, ich hatte doch jederzeit auch eine Seele bei der Hand.
MARGARETHE Zuweilen ausschließlich –
GILBERT Versuche jetzt nicht, unser Verhältnis herabzuziehen – es wird dir nicht gelingen. Es bleibt das Herrlichste, was du erlebt hast.
MARGARETHE Ach Gott, wenn ich denke, dass ich dieses Gewäsch ein Jahr lang ertragen habe.
GILBERT Ertragen? Du hast dich daran berauscht! Sei nicht undankbar – ich bin es auch nicht. Wie erbärmlich du dich am Ende auch benommen hast, mir kann es die Erinnerung nicht vergällen. Ich will noch mehr sagen: auch das hat dazu gehört.
MARGARETHE Was du nicht sagst!
GILBERT Nämlich – diese Erklärung bin ich dir noch schuldig; höre! Gerade zu der Zeit, als du begannst, dich von mir abzuwenden, als du das Heimweh nach dem Stall bekamst – la nostalgie de l'écurie –, gerade damals war ich soeben mit dir innerlich fertig geworden.
MARGARETHE Nicht möglich!
GILBERT Es ist charakteristisch, dass du davon nicht das Geringste bemerkt hast. – Fertig war ich mit dir, ja! Ich hab dich einfach nicht mehr gebraucht. Was du mir geben konntest, hattest du mir gegeben – dein Amt war erfüllt. Du wusstest in den Tiefen deiner Seele – du wusstest unbewusst ...
MARGARETHE Ich bitt dich, sprüh nicht so!
GILBERT *unbeirrt* ... dass deine Zeit um war. Unser Verhältnis hat seinen Zweck erfüllt: ich bereue es nicht, dich geliebt zu haben.
MARGARETHE Aber ich!
GILBERT Vortrefflich! In dieser kleinen Bemerkung spricht sich für den Kenner nicht weniger aus als der tiefe Wesensunterschied zwischen dem Künstler und dem Dilettanten. Für dich, Margarethe, ist unser Verhältnis heute nicht mehr als die Erinnerung an ein paar tolle Nächte, an ein paar tiefgründige Gespräche, abends, in den Alleen des Englischen Gartens, ich habe es zum Kunstwerk gemacht.
MARGARETHE Ich auch.
GILBERT Wieso? Wie meinst du das?
MARGARETHE Was du triffst, bei Gott! das treff ich auch! Auch ich habe einen Roman geschrieben, in den unsre einstigen Beziehungen hineinspielen, auch ich habe unsere einstige Liebe – oder was wir so nannten – der Ewigkeit aufbewahrt.
GILBERT Von der Ewigkeit würd ich an deiner Stelle doch nicht reden, bevor die zweite Auflage erschienen ist.
MARGARETHE Nun, es hat doch was anderes zu bedeuten, wenn ich einen Roman schreibe, als wenn du es tust.

GILBERT Das dürfte stimmen.

MARGARETHE Denn du bist ein freier Mann, du brauchst dir die Stunden nicht zu stehlen, in denen du Künstler sein darfst, und du setzt nicht deine Zukunft aufs Spiel.

GILBERT Und du?

MARGARETHE Ich hab es getan! Vor einer halben Stunde hat mich Clemens verlassen, weil ich ihm gestand, dass ich einen Roman geschrieben habe.

GILBERT Verlassen? Für immer?

MARGARETHE Ich weiß nicht. Auch das ist möglich. Er ist im Zorn fortgegangen. Er ist unberechenbar. Was er über mich beschließen wird, kann ich nicht voraussehen.

GILBERT So! Also er verbietet dir zu schreiben! Er duldet nicht, dass seine Geliebte gewissermaßen von ihrem Gehirn Gebrauch macht! Ah, vortrefflich! Das ist die Blüte der Nation! So – ja! Und du, du schämst dich nicht, in den Armen eines solchen Idioten dasselbe zu empfinden, was du einst …

MARGARETHE Ich verbiete dir, so über ihn zu reden! Du verstehst ihn ja nicht!

GILBERT Ha!

MARGARETHE Du weißt ja nicht, warum er dagegen ist, dass ich dichte! Nur aus Liebe! Er fühlt es, dass ich da in einer Welt lebe, die für ihn verschlossen ist; er schämt sich für mich, dass ich das Innerste meiner Seele vor Unberufenen ausbreite; er will mich für sich allein, ganz allein haben; und darum ist er fortgestürzt … nein, nicht gestürzt, denn Clemens gehört nicht zu den Männern, welche fortstürzen …

GILBERT Gut beobachtet. Aber fort ist er doch. Über das Tempo wollen wir nicht diskutieren. Und er ist fort, weil er nicht duldet, dass du deinem Schaffensdrang nachgibst.

MARGARETHE Ja, wenn er auch das noch verstünde! Aber das gibt's offenbar nicht. Ich könnte ja die beste, die treueste, die edelste Frau von der Welt sein, wenn es nur den richtigen Mann auf der Welt gäbe!

GILBERT Jedenfalls drückst du damit aus, dass auch er nicht der Rechte ist.

MARGARETHE Das hab ich nicht gesagt!

GILBERT So begreife doch, dass er dich einfach knechtet, zugrunde richtet, dein ureigenes Ich aus Egoismus zu ruinieren sucht. Denke doch an die Margarethe, die du einmal warst! Denke an die Freiheit, in der du dich entwickeln durftest, da du mich liebtest! Denke an die erlesenen Menschen, mit denen du damals verkehrtest. Denke an die Jünger, die sich um mich versammelten und die auch die deinen waren. Sehnst du dich nicht manchmal zurück? Denkst du nicht an dein kleines Zimmer mit dem Balkon – unten rauschte die Isar – *Er hat ihre Hände gefasst und drängt sich an sie.*

MARGARETHE O Gott!

GILBERT Es kann wieder so werden; es braucht ja nicht die Isar zu sein. – Ich will dir einen Vorschlag machen, Margarethe. Sag ihm, wenn er wiederkommen sollte, dass du in München noch einiges Dringende zu besorgen hättest, und verbringe diese Zeit mit mir. Margarethe, du bist ja so schön! Wir wollen wieder glücklich sein wie einst, Margarethe! Erinnerst du dich? *Ganz nahe.* »An deinem Halse häng ich trunken ...«

MARGARETHE *rasch von ihm weg* Fort! fort! Nein, nein! Fort sag ich! Ich liebe dich ja nicht mehr!

GILBERT Oh! Hm ... So? Na, da bitt ich also um Entschuldigung. *Pause.* Adieu, Margarethe. Adieu.

MARGARETHE Adieu.

GILBERT Adieu.
Sich noch einmal wendend. Willst du mir nicht wenigstens zum Abschied deinen Roman geben, wie ich dir den meinen gegeben habe?

MARGARETHE Er ist noch nicht erschienen. Erst in der nächsten Woche wird er zu haben sein.

GILBERT Wenn ich fragen darf: was ist es denn eigentlich für eine Art von Roman?

MARGARETHE Der Roman meines Lebens. Selbstverständlich so verhüllt, dass ich nicht zu erkennen bin.

GILBERT So? Wie hast du denn das gemacht?

MARGARETHE Sehr einfach. Die Heldin ist vor allem keine Dichterin, sondern eine Malerin –

GILBERT Das ist sehr schlau.

MARGARETHE Ihr erster Mann ist kein Baumwollfabrikant, sondern ein großer Spekulant – auch betrügt sie ihn nicht mit einem Tenor ...

GILBERT Haha!

MARGARETHE Warum lachst du denn?

GILBERT Du hast ihn also mit einem Tenor betrogen? Das hab ich gar nicht gewusst.

MARGARETHE Wer sagt denn das?

GILBERT Du hast es mir soeben mitgeteilt.

MARGARETHE Wieso denn? – Ich sage: die Heldin meines Buches betrügt ihren Mann mit einem Bariton.

GILBERT Bass wäre großartiger – Mezzosopran pikanter.

MARGARETHE Dann geht sie nicht nach München, sondern nach Dresden, und dort hat sie ein Verhältnis mit einem Bildhauer.

GILBERT Das bin also ich – verschleiert?
MARGARETHE Sehr verschleiert. Der Bildhauer ist nämlich jung, schön und ein Genie. Trotzdem verlässt sie ihn.
GILBERT Wegen ...?
MARGARETHE Rate!
GILBERT Vermutlich wegen eines Jockeys?
MARGARETHE Schaf!
GILBERT Wegen eines Grafen? – Wegen eines Fürsten?
MARGARETHE Nein, er ist ein Erzherzog!
GILBERT *sich verbeugend* Du hast wirklich keine Kosten gescheut.
MARGARETHE Ja, ein Erzherzog, der um ihretwillen den Hof verlässt, sie heiratet und mit ihr nach den Kanarischen Inseln auswandert.
GILBERT Kanarische Inseln – sind sehr fein! Und dann –?
MARGARETHE Mit der Landung in ...
GILBERT Kanarien –
MARGARETHE – schließt der Roman.
GILBERT So. Ich bin sehr gespannt – besonders auf die Verschleierung.
MARGARETHE Du selbst würdest mich nicht erkennen, wenn –
GILBERT Nun, wenn –?
MARGARETHE Wenn nicht im drittletzten Kapitel unser ganzer Briefwechsel enthalten wäre!
GILBERT Was?!
MARGARETHE Ja – alle Briefe, die du mir und die ich dir geschrieben habe, sind in den Roman aufgenommen.
GILBERT Ja, entschuldige – woher hattest du denn die Deinen an mich? Die hab doch ich!
MARGARETHE Ja, ich hatte sie mir doch früher immer aufgesetzt.
GILBERT Aufgesetzt?
MARGARETHE Ja.
GILBERT Aufgesetzt – diese Briefe an mich, die wie in zitternder Eile hingeworfen schienen. »Noch ein Wort, Geliebter, eh' ich schlafen gehe, mir fallen die Augen zu ...«, und dann, wenn dir die Augen zugefallen waren, hast du ihn ins Reine geschrieben?!
MARGARETHE Nun, beklagst du dich vielleicht darüber?
GILBERT Ich hätt es ahnen können. Ich muss ja noch froh sein, dass sie nicht einem Briefsteller für Liebende entnommen waren. Oh, wie bricht alles zusammen! Die ganze Vergangenheit ein Trümmerhaufen! ... Sie hat ihre Briefe aufgesetzt!
MARGARETHE So sei doch froh. Wer weiß, ob meine Briefe an dich nicht das einzige sind, was von dir übrig bleiben wird.
GILBERT Und nebstbei ist das eine äußerst fatale Geschichte.

MARGARETHE Warum denn?
GILBERT *auf sein Buch deutend* Da drin sind sie nämlich auch.
MARGARETHE Was?! Wo?
GILBERT In meinem Roman.
MARGARETHE Was ist da drin?
GILBERT Unsere Briefe – deine und meine.
MARGARETHE Woher hast du denn die deinen gehabt? Die hab doch ich? – Ah, siehst du, du hast sie auch aufgesetzt!
GILBERT O nein, ich hab sie nur abgeschrieben, bevor ich sie an dich absandte. Sie sollten nicht verloren gehen. Es sind sogar einige drin, die du gar nicht bekommen hast, die viel zu schön für dich waren, die du gar nicht verstanden hättest.
MARGARETHE Ja, um Gottes willen, wenn es so ist ... *In Gilberts Buch blätternd.* Ja, es ist so! Ja, das ist doch ganz dasselbe, als wenn wir der Welt erzählten, dass wir zwei ... Um Himmels willen ... *Aufgeregt blätternd.* Ist am Ende auch der Brief aufgenommen, den du mir am Morgen nach der ersten Nacht ...
GILBERT Natürlich, der war doch glänzend.
MARGARETHE Aber das ist ja entsetzlich! Es wird ein europäischer Skandal! Und Clemens – um Gottes willen! Ich fange an zu wünschen, dass er nicht mehr zurückkommt! Ich bin ja verloren! Und du mit mir! Wo immer du sein magst, er wird dich zu finden wissen, er wird dich niederschießen wie einen tollen Hund!
GILBERT *steckt sein Buch ein* Abgeschmackter Vergleich!
[...]

(aus dem Einakterzyklus »Lebendige Stunden«, 1901, U. 1902 Berlin)

Schmock – gesinnungsloser Journalist, nach der gleichnamigen Bühnenfigur aus Gustav Freitags Schauspiel »Die Journalisten« (1862); *»C'est de la littérature!«* – (frz.) Das ist Literatur!; *Ce n'est pas de la littérature!* – (frz.) Das ist keine Literatur!; *la nostalgie de l'écurie* – (frz.) Heimweh nach dem Stall; *Englischer Garten* – großer Münchner Erholungspark

Egon Friedell/Alfred Polgar *Goethe im Examen.*
Groteske in zwei Bildern

PERSONEN
Goethe
Der Schulrat
Der Professor der deutschen Literaturgeschichte
Ein Prüfungsbeisitzer
Züst *ein schlechter Schüler*
Kohn *ein guter Schüler*
Linerl *Züsts Freundin*
Der Pedell

ERSTES BILD

Schulzimmer. Züst und Linerl.

ZÜST *geht memorierend auf und ab, verzweifelt* Es geht nicht, es geht nicht!
LINERL Aber schau! Das bisserl Goethe wirst scho' a no derlerna.
ZÜST Das bisserl?!? Hast du eine Ahnung! Bevor man die dreiundzwanzigste Epoche so eines endlosen Dichters auswendig kann, hat man die ersten zwölf schon längst wieder vergessen. Da ist der Körner ein anderer Bursch gewesen! Mit zweiundzwanzig Jahren war er schon tot! Aber dieser Goethe! Dieses olympische Monstrum, das allein mehr Jahreszahlen verbraucht hat als alle anderen Dichter zusammen! Dreiundachtzig Jahre hat er alt werden müssen; in alles hat er sich dreinmischen müssen, bei jedem Datum war er dabei; sooft er mit einem Frauenzimmer was zu tun gehabt hat, ist er fruchtbar geworden ...
LINERL Aber geh!
ZÜST ... und hat einen neuen Brocken gesammelte Werke von sich gegeben.
LINERL Ah so!
ZÜST Aber noch nicht genug! O nein! Wo er ein Gras gesehen hat, hat er ihm gleich wachsen zugehört; alle besseren Herren in seiner Nähe hat er in ›Gespräche mit Goethe‹ verwickelt und die entfernteren hat er zu zwei- bis dreibändigen Briefwechseln benützt; und wie er schon ganz alt war und nicht mehr hat schreiben können, hat er sich den Eckermann geholt und hat ihm Löcher in den Bauch geredet, nur damit auch aus dieser Zeit etwas über ihn zu lernen ist!
LINERL Aber es wird doch net alles so wichtig sein!

Züst Nicht wichtig?! Sag das einmal dem Professor Hinterhuber! *Kopierend.* »In Goethes Leben ist nichts unwichtig! Merken Sie sich das, Sie Grünschnabel! Goethe ist ein Heiligtum!« – Auf v i e r italienischen Reisen hab ich ihn begleiten müssen!

Linerl Gelt, und mit dein'm Papa hast nicht nach Prag fahren dürfen!

Züst Herrgott, oder waren's gar nur drei italienische –? Bitt' dich, schau g'schwind nach!

Linerl *blättert im Buch* Jessas! Da schau her! In Karlsbad war er auch!

Züst Wa-as?

Linerl Ja, da steht's. *Liest.* »Kapitel achtzehn: Der Dichterfürst in Karlsbad und seine Bedeutung für die alkalischen Naturwässer des Königreiches Böhmen.«

Züst *wütend* Na, da hast du's! Jetzt werd ich am End' noch durchfallen, weil der Herr Geheimrat Verstopfung gehabt hat. Der Teufel soll ihn holen! Der Teufel soll ihn holen. *Wirft das Buch in eine Ecke. – Verdunkelung, Donner, Wetterleuchten.*

Eine tiefe Stimme Du musst es dreimal sagen!

Züst *zitternd, wiederholt automatisch* Der Teufel soll ihn holen!

Verdunkelung, die Tür springt auf, es erscheint Goethe.

Züst *mit schwacher Stimme* Wer sind Sie?

Es wird wieder hell.

Goethe *milde* Ei, kenne Se mich denn net? Ich bin doch der, wo der Deiwel hole soll.

Züst *fällt auf die Knie und wiederholt* Altmeister ... Dichterheros ... Neuschöpfer der deutschen Dichtung ... Großer Dioskur von Weimar ... Wiederbeleber der Antike ...

Goethe Ei, lasse Se doch die Förmlichkeite! Sache Se oifach zu mir Exzellenz, verstanne? *Da der Schüler ihn verständnislos ansieht.* Verstehe Se mei Frankforterisch net recht? *Lächelnd.* Ja, 's Hochdeutsch hat mer immer Schwierigkeite gemacht. Un nu sache Se mer, was wolle Se eigentlich geche mich, dass Se immer so uff mich rumschimpfe?

Züst Ich ... ich ... möchte ... weil ich's nicht finden kann ... wenn Exzellenz so gütig wären ... wie oft waren Exzellenz in Italien?

Goethe No, dreimal wird's schon gewese soi. – Aber sache Se mer, was geht I h n e das an?

Züst *indem er sich erhebt* Ach, Exzellenz, das kommt doch sicher morgen dran in der Prüfung. Ich weiß ja, alles, was Sie betrifft, ist sehr wichtig und interessant, aber es ist so furchtbar viel. Und wenn ich die Prüfung nicht besteh, muss ich in ein Bankgeschäft und ich möcht doch so riesig gern Doktor der Philosophie werden, um im Kabarett auftreten zu können ...

GOETHE No, no, nur net gar so hoch hinauswolle!
LINERL Ach ja, er tragt so viel schön vor!
GOETHE *bemerkt Linerl* E nett Mädche! *Fasst sie unters Kinn.*
ZÜST Ach Gott, manchmal hab ich den Eindruck: wirklich j e d e Frage über Goethe könnten eigentlich n u r Exzellenz selber beantworten!
GOETHE Was? Ich selber? Sie, da bringe Se mich uff e Idee! Da wolle mer mal 'n kleine Jokus aufführe. Ich wer' die Prüfung für Ihne mache. Ich wer' mich in Ihne verwandle! Da wird emal der Schüler mehr wisse wie die Herre Lehrer! Alle wer'n glaube, Sie sind's, und derweil wer' i c h dastehe und alle Frache großartig beantworte. Wenn irchendjemand das Zeich weiß, so bin ich's doch! *Vergnügt.* Das Zeichnis werd sich gewasche hawwe!
ZÜST *fällt auf die Knie* Ach, Exzellenz, wie soll ich Ihnen danken!
GOETHE Lassen Se nur! 's macht mer ja selber Spass, die Federfuchser zu blamiere. Un gar wenn so e nett Mädche mit bei ist, da kann ich schon gar net noi sache! Das hab ich nämlich nie gekonnt – in meiner ganze Biografie net!
LINERL *fällt auf die Knie* Ach, Exzellenz! Wenn Sie schon so liebenswürdig sind, ich hätt auch eine Bitte! Schreiben S' mir was ins Stammbuch, der Herr Moissi und die Frau Jeritza stehen auch schon drin!
Vorhang.

ZWEITES BILD

Schulrat, Professor der Literatur, Beisitzer, Kohn, Züst, später Goethe, der Pedell.

PROFESSOR Also, Sie wissen, in Bezug auf Goethe verstehe ich keinen Spaß. Goethe ist ein Heiligtum.
SCHULRAT *zahnlos, uralt, von ohnmächtiger Ironie* In das man n u r durch eisernen Fleiß sich den Eintritt erwirbt.
PROFESSOR Wir haben noch den Kohn und den Züst. Züst, Sie sind der Schwächere, stehen Sie auf! *Spricht leise mit der Kommission. Indem Züst sich erheben will, kommt Goethe hinter ihm heran, drückt ihn unter die Bank und tritt vor die Prüfungskommission.*
Goethe ist eine Erscheinung von so gigantischer Bedeutung, dass sie jedem Gebildeten aufs Genaueste vertraut sein muss. Nur der kann mit Aussicht auf Erfolg in den Ernst des Lebens hineintreten, der Goethes Leben und Schaffen zu seinem täglichen Brot gemacht hat.
GOETHE *bescheiden abwehrend* Bitte, bitte –

PROFESSOR *sehr scharf* Sagten Sie etwas?

GOETHE *verärgert* Noi!

PROFESSOR *blickt in sein Notizbuch* Wir beginnen mit der Familiengeschichte. Wie hießen, was waren und wo lebten Goethes Großeltern, a) väterlicherseits, b) mütterlicherseits?

GOETHE No, der Vattersvatter war der alt' Schorsch Friedrich Goethe, der war scho Schneider in Frankfort, na un sei Fraa war e geborne Schallhorn, das war die Tochter vom Weidewirt, die hat von Neckergemind 'erübergemacht, un der Bruder, das war der Kaschper Schallhorn –

PROFESSOR *befriedigt* Nun, ganz schön. Das wäre ja so weit memoriert.

GOETHE *unbeirrt* No un dem sei Fraa, de Bisemerskathrin, das war doch de erschte Hebamm', die vom Großherzog e beeidichtes Diplom gehabt hat, aber sonscht war se e bees Weib; der ältest' Sohn hat auch weche dem nach Bensheim 'niwwergeheirat', noja, er hat den Krach net mehr ausgehalte, der Ulrich ...

PROFESSOR Nun ja, sehr gut, das genügt!

GOETHE *nicht aus dem Konzept zu bringen* Der Ulrich Franz Theodor.

PROFESSOR Sie scheinen sich ja so weit in die Materie vertieft zu haben.

GOETHE Des glaab ich!

PROFESSOR Aber nun zum Dichter selber. Er wurde geboren?

GOETHE 28. August 1749.

PROFESSOR In?

GOETHE Frankfort, Großer Hirschgrawe 12 – *Professor will weitersprechen* – in dem blaue Zimmer im zweite Stock links. *In Erinnerung versunken.* Da ware aach die zwää Penduluhre vom Onkel Rettich mit die nette Amorettcher druff, die oi hat de Schorsch kaputtgemacht, wie er mit eme Klicker roigeschosse hat ...

PROFESSOR *gereizt durch Goethes Mehrwissen* Verlassen wir Goethes Geburtszimmer ... Er bezog wann die Universität?

GOETHE Mit sechzeh' Jahr'.

PROFESSOR Er studierte in welchen Städten und zu welchen Behufen?

GOETHE No, in Leipzig, dann in Straßburg erscht nix ...

PROFESSOR Hm?

GOETHE Und nachher die Rechtswissenschaft und Kunstgeschichte un e bissche Philosophie.

PROFESSOR *zornig* Wie? Ein bisschen?

GOETHE Na, 's war net viel!

PROFESSOR Wann verließ Goethe Wetzlar?

GOETHE Ei, no so um die 71 oder 72.

PROFESSOR *triumphierend* Ich frage, wann Goethe Wetzlar verließ?

GOETHE *unsicher, nachdenklich* 72, ja, ja, 's wird scho so gewese soi, im Zweiundsiebzigerjahr.
PROFESSOR Mit diesem inhaltslosen Herumgerede werden Sie Ihre Unwissenheit nicht verbergen! Ich meine natürlich: In welchem M o n a t verließ Goethe Wetzlar?
GOETHE In welchem Monat? Warte Se, das werd ich Ihne gleich sache. *Denkt verzweifelt angestrengt nach.* Ei, wann war's denn nur? Ei, das hab ich doch gewusst ...
PROFESSOR Ja, das ist Ihre ständige Redensart! Sie h a b e n immer nur gewusst! Aber Sie w i s s e n nichts. *Zu Kohn, der Zeichen ungeduldigen Ehrgeizes von sich gibt.* Kohn, wann verließ Goethe Wetzlar?
KOHN Selbstverständlich am 23. September 1772, 5 Uhr nachmittags mit der Fahrpost.
GOETHE *erfreut* Ja, richtig, im September mit der Fahrpost ...
PROFESSOR *mit scharfem, strafendem Blick auf Goethe* Jawohl, mit der Fahrpost. *Kleine Pause, während der Goethe Kohn freundlich anblickt.* Aus welchem Anlass schrieb Goethe die »Laune des Verliebten«?
GOETHE No, da war er noch e junger Mensch, dem so allerlei durch 'n Kopp gegange is. Da hat er wohl viel geschriwwe, wo ihm später liewer gewese wär', er hätt's n e t geschriwwe.
SCHULRAT Hihihi! Ihnen wäre freilich am liebsten, wenn er g a r n i c h t s geschrieben hätte.
Kohn meckert. Goethe sieht ihn strafend an.
PROFESSOR Wann las Goethe zum ersten Mal Gottsched?
GOETHE *unwillig* Ei, das weiß ich net.
PROFESSOR Wie?
GOETHE Das weiß ich net. Das werd doch alles net so wichtig soi!
PROFESSOR In Goethes Leben ist nichts unwichtig! Merken Sie sich das, Sie Grünschnabel!
Goethe blickt den Professor erstaunt an.
PROFESSOR *im Litaneiton* Alles hat seine Bedeutung als organischer Tragbalken in dem tektonischen Gefüge dieser in ihrer harmonischen Gegeneinanderwirkung von Kraft und Last einzig dastehenden Biografie.
GOETHE *jovial* No, so arch harmonisch war's ja gar net.
PROFESSOR Ich denke, diese Frage ist bereits von kompetenteren Köpfen entschieden worden, als Sie es sind –
GOETHE Ah so!
PROFESSOR Eine andere Frage: Wann besorgte Goethe die erste Umarbeitung der »Stella«?
SCHULRAT Das wird doch hoffentlich, mit Ihrer Erlaubnis, wichtig genug sein?

GOETHE Die Stella? Warte Se mal. *Unsicher.* 1804?
KOHN *entsetzt* Bsss!
PROFESSOR Ich bin starr. Sie wissen wirklich nicht, dass die erste Umarbeitung der »Stella« 1806 stattfand? Ja, sagen Sie, was haben Sie denn eigentlich in Ihrem Kopf? – *Goethe sieht den Professor erstaunt an.*
PROFESSOR Wann erschien »Hermann und Dorothea«?
GOETHE *nach kurzer Überlegung* 1796.
PROFESSOR *höhnisch* Ich würde an Ihrer Stelle gleich 95 sagen!
SCHULRAT Oder 94!
PROFESSOR *brüllt* »Hermann und Dorothea« erschien im Jahre 1797, Sie Ignorant!
GOETHE *fest* Noi, 's war 96!
PROFESSOR 97!
GOETHE *unerschütterlich* 96! *Kohn übergibt durch Goethe dem Professor ein aufgeschlagenes Buch.*
PROFESSOR Hier! Sie insolenter Bursche!
GOETHE A, wirklich ... ich hätt doch druff geschwore, 's war 96!
PROFESSOR Dass ein deutscher Jüngling derartige Daten nicht gegenwärtig hat, könnte einem wirklich den Glauben an die Jugend nehmen! Da muss sich ja Goethe im Grabe umdrehen.
SCHULRAT Hihihi! Pedell, drehen Sie die Goethebüste um, damit ihr d i e s e r Anblick *er zeigt auf Goethe* erspart wird. *Es geschieht. Goethe lacht.*
PROFESSOR Nun, ich sehe schon. Daten darf man Sie nicht fragen. Nun etwas über Goethes Innenleben. Welche seelischen Erlebnisse veranlassten Goethe zur Fortführung des »Wilhelm Meister«?
GOETHE No, da hat er doch schon vom Verleger die 200 Taler Vorschuss uff'n zweite Band gehabt, da hat er'n doch aach schreiwe müsse.
PROFESSOR Was? Sie behaupten also, dass schnöde Geldgier die Triebfeder von Goethes genialer Dichtung war?
GOETHE Ei wieso denn Geldgier? 's Geld hat er doch längst net mehr gehabt.
PROFESSOR Nun, eines steht fest: Goethes Leben hat S i e nicht beschäftigt. *Goethe blickt ihn erstaunt an.* Jetzt will ich schauen, ob Sie wenigstens bei meinen Vorträgen aufgemerkt haben. Was wissen Sie über den Charakter des Tasso?
GOETHE No, das is e kindischer, hysterischer Mensch, der sich net recht auskennt hat im Lewe, halt so e verrückter Dichter –
PROFESSOR *schlägt auf den Tisch, starr* Ich traue meinen Ohren nicht. *Automatisch, im lehrhaften Ton, der durch parallele Bewegungen der beiden Zeigefinger unterstützt wird.* Tasso zeigt den Kampf des Sub-

jekts und seiner Gebundenheit, das, indem es sich in die Objektivität auseinander legt, notwendig an der inneren Zerrissenheit des Subjekt-Objekts, das heißt der nach außen projizierten Individualität, scheitern muss – *Kohn hat die Definition mit Kopfnicken skandierend leise mitgesprochen; die letzten Worte spricht er schon fast laut mit und schlägt gleichzeitig mit dem Professor auf den Tisch. Goethe erschrickt und ist zornig auf Kohn.*

SCHULRAT Wissen Sie vielleicht zufällig, was Goethes Hauptwerk war?

GOETHE *stolz* No, die »Farwelehr«! *Schallendes Gelächter.* Was ist denn da zu lache?

SCHULRAT Hihihi! Da ist allerdings nur zu weinen.

PROFESSOR Wann entstand der »Tancred«? *Goethe weiß es nicht, dreht sich fragend zu Kohn um.*

KOHN *einsagend* 1800.

GOETHE *befreit* 1800.

PROFESSOR Ein Wunder, dass Sie einmal etwas wissen. – *Goethe blickt dankbar auf Kohn.* Welche Werke entstanden noch in diesem Jahr?

GOETHE No, e paar Gedichtcher.

PROFESSOR Das ist keine Antwort. Gedichte fallen in jedes Jahr. Aber im Jahr 1800 entstand vor allem Palä-, Palä-

GOETHE *wendet sich wieder fragend zu Kohn.*

KOHN *einsagend* Paläophron und Neoterpe.

GOETHE *will erfreut nachsprechen* Paläophron –

PROFESSOR *scharf* Genug! Ich habe jedes Wort gehört. Meine Ohren reichen bis in die letzte Bank. – Was waren Goethes letzte Worte?

GOETHE No, Milch hat er gewollt.

PROFESSOR W-a-as? Ich verstehe immer Milch.

GOETHE No ja, Milch in sein' Kaffee, weil er ihm zu dunkel war. Und da hat er gesacht: mehr licht!

PROFESSOR *entsetzt aufstehend* Es zeigt die äußerste Niedrigkeit der Gesinnung, annehmen zu wollen, dass ein Genius wie Goethe sich ein so triviales Thema für seine letzten Worte hätte wählen können!

SCHULRAT Wissen Sie vielleicht zufällig, wer die Frau von Stein war?

GOETHE No, soi Geliebte.

PROFESSOR *erhebt sich* Derartige Ausdrücke sind an einer Staatsanstalt absolut unstatthaft. – Der Dichterheros schätzte Frau von Stein viel zu hoch, als dass er sie zu seiner Geliebten erniedrigt hätte. – Lachen Sie nicht, Sie frecher Bursche! – Warum löste Goethe sein Verlöbnis mit Lili?

GOETHE *unwillig* Das kann ich doch net sache. Das wär' doch indiskret.

SCHULRAT Diskretion ist allerdings die Haupteigenschaft, die Sie in Bezug auf Goethe entwickeln. *Kohn meckert. Goethe blickt ihn strafend an.*

PROFESSOR Wissen Sie wenigstens, warum er die Beziehungen zu Friederike abbrach?

GOETHE *zornig* Ja, das weiß ich schon, aber das geht doch niemande was an!

PROFESSOR Was behaupten Sie? Goethes Beziehungen zur Blume von Sesenheim, 1770 bis 72, gingen die Wissenschaft nichts an!

GOETHE Noi, das geht niemande was an.

SCHULRAT Wissen Sie vielleicht überhaupt, wer der Herr dort ist? *Zeigt auf die Reproduktion des Wiener Goethedenkmals.*

GOETHE *ahnungslos* Noi, das weiß ich net.

DER SÄCHSISCHE BEISITZER *der bisher ganz stupid dagesessen ist, mit tiefer Bassstimme* Also, jetz' weeß des blede Luder nich ämal, dass das den Gäthe vorstellt!

GOETHE Was, des soll der Goethe soi?

PROFESSOR Na, wer denn sonst?

GOETHE *mit der Faust auf den Professorentisch schlagend* Jetzt werd mersch awwer zu dumm! Erscht frache Se mich Sache, die koi Mensch wisse kann und die ganz wurscht sinn, nachher erzähle Se mir 'n Blödsinn über Tasso, dann mache Se mer die Farwelehr' schlecht, dann wolle Se iwwer die Weiwer Sache wisse – *Professor will remonstrieren* –, die Ihne en Dreck angehn, und jetz' wolle Se mer gar den Toppsitzer da als Goethe uffschwätze! Da muss ich schon de Götz zitiere: Ihr könnt mich alle mitennanna … *Will wütend ab.*

PROFESSOR *nach Luft schnappend* Halt! Bleiben Sie! Zur Strafe für Ihre Insolenz sollen Sie Zeuge Ihrer Beschämung sein! *Tempo von jetzt ab sehr rapid.* Kohn!! – Stehen Sie auf! So stehen Sie doch auf!

KOHN Ich steh doch schon!

PROFESSOR Wann verließ Goethe Rom?

KOHN 22. April 1788.

PROFESSOR Welche Orte berührte er noch in diesem Jahr?

KOHN Pempelfort, Münster, Stichroda.

PROFESSOR Wann wurde Eckermann geboren?

KOHN 14. November 1790.

PROFESSOR Was schrieb Goethe im Frühling dieses Jahres?

KOHN Urpflanze, Amyntas, der Sänger.

PROFESSOR *immer erfreuter* Was übernahm er in diesem Jahre?

KOHN Die Oberaufsicht über die Landesanstalten.

PROFESSOR Für?

KOHN Kunst und Topografie.

PROFESSOR Wie hieß Goethes Schwester?

KOHN Cornelia.
PROFESSOR Geboren?
KOHN 1765.
PROFESSOR Gestorben?
KOHN 1814
PROFESSOR *ist in freudiger Erregung aufgesprungen* Verheiratet an?
KOHN Schlosser.
PROFESSOR Geboren?
Kohn 1754.
PROFESSOR Gestorben?
KOHN 1829.
PROFESSOR Kinder?
KOHN Franz, Georges, Marie, Theophil.

	PROFESSOR	KOHN
Gleichzeitig	Geboren?	1780.
im raschesten	Gestorben?	1824.
Tempo.	Wo?	In Magdeburg.
	Wann?	November.
	Wie oft?	Dreimal.
	Warum?	Wegen Herder.
	Wo?	In den »Horen«.
	Mit wem?	Mit Schiller.
	Erkrankt?	Am vierzehnten.
	Genesen?	Am neunten.
	Woran?	An Darmverschlingung.

Das Kollegium gibt Zeichen der höchsten Zufriedenheit. Goethe hat erst unwillig und erstaunt, dann immer vergnügter zugehört; am Schluss schüttelt er sich vor Lachen.
PROFESSOR *nachdem das Prüfungs-Geknatter beendet ist, triumphierend zu Goethe* Sehen Sie! Das ist Bildung!
Raschest Vorhang.

(U. 1908; leicht veränd. Fassg. 1932)

Jean Genet *Die Zofen*

Das Schlafzimmer der gnädigen Frau. Möbel im Stil Louis XV. Spitzen. Im Hintergrund ein geöffnetes Fenster mit Blick auf die Fassade des gegenüberliegenden Gebäudes. Rechts das Bett. Links eine Tür und eine Kommode. Das Zimmer ist mit Blumen überladen. Es ist Abend.

CLAIRE *steht im Unterrock mit dem Rücken zum Frisiertisch, sie hält einen Arm ausgestreckt; Gestik und Tonfall drücken tragische Verzweiflung aus* Und diese Handschuhe! Ewig diese Handschuhe! Ich habe dir oft genug gesagt, du sollst sie in der Küche lassen. Du hoffst wohl, du könntest den Milchmann mit ihnen verführen. Nein, nein, lüge nicht, das ist unnötig. Hänge sie über den Spülstein. Wann wirst du endlich begreifen, dass dieses Zimmer nicht verunreinigt werden darf? Alles, alles ohne Ausnahme, was aus der Küche kommt, ist Auswurf. Hinaus! Und trage deinen Auswurf zurück! Aber hör doch auf! *Während dieses Redeschwalls spielt Solange mit einem Paar Gummihandschuhen. Sie betrachtet ihre behandschuhten Hände, die sie abwechselnd wie einen Blumenstrauß schließt und dann fächerförmig öffnet.* Geniere dich nicht, geh schon. Und vor allem: beeile dich nicht! Wir haben Zeit. Hinaus! *Solange ändert plötzlich ihre Haltung und verlässt demütig das Zimmer, die Gummihandschuhe nur noch mit den Fingerspitzen berührend. Claire setzt sich vor den Frisiertisch. Sie riecht an den Blumen, fährt mit der Hand zärtlich über die Toilettengegenstände, bürstet sich das Haar und macht ihr Gesicht zurecht.*
Richten Sie mein Kleid! Rasch! Es eilt. Sind Sie nicht da? *Sie dreht sich um.* Claire! Claire!
Solange tritt ein.
SOLANGE Die gnädige Frau wollen bitte entschuldigen. Ich habe den Lindenblütentee der gnädigen Frau gerichtet.
CLAIRE Bringen Sie meine Toilette in Ordnung. Das weiße Paillettenkleid. Den Fächer. Die Smaragde.
SOLANGE Sehr wohl, gnädige Frau. Den ganzen Schmuck der gnädigen Frau?
CLAIRE Holen Sie ihn heraus. Ich möchte auswählen. Und die Lackschuhe natürlich. Die, die Sie seit Jahren begehren. *Solange nimmt aus dem Schrank einige Schmuckkästchen, die sie öffnet und auf dem Bett ausbreitet.* Für Ihre Hochzeit wahrscheinlich. Gestehen Sie, dass er Sie verführt hat! Dass Sie schwanger sind! Gestehen Sie! *Solange hockt sich auf den Teppich und wichst die Schuhe, indem sie darauf spuckt.* Ich habe Ihnen schon einmal gesagt, Claire, Sie sollen das Spucken vermeiden. Lassen Sie den Speichel in Ihrem Mund schlafen, mein Kind. Lassen Sie ihn faulen. Ah, ah! *Sie lacht nervös.* Soll der verirrte Spaziergänger in ihm ertrinken. Ah, ah! Sie sind widerwärtig, meine Schöne. Bücken Sie sich tiefer und betrachten Sie sich in meinen Schuhen. *Sie streckt ihren Fuß aus, den Solange untersucht.* Glauben Sie, es ist mir angenehm zu wissen, dass mein Fuß von den Schleiern Ihres Speichels umhüllt ist? Von den Ausdünstungen Ihrer Sümpfe?

SOLANGE *kniend, sehr demütig* Die gnädige Frau soll schön sein.
CLAIRE Das werde ich. *Sie richtet sich vor dem Spiegel.* Sie verabscheuen mich, nicht wahr? Sie zertreten mich unter Ihrer Zuvorkommenheit, unter Ihrer Demut, Ihren Gladiolen und Ihren Reseden. *Sie steht auf, leiser.* Wir verstellen hier alles. Hier sind zu viele Blumen. Wie langweilig! *Sich immer noch im Spiegel betrachtend.* Ich werde schön sein. Schöner, als Sie jemals sein werden. Denn mit diesem Körper und diesem Gesicht werden Sie Mario nicht verführen. Dieser lächerliche Kerl von einem Milchmann verachtet uns – und falls er Ihnen ein Kind angedreht hat ...
SOLANGE Oh, niemals, niemals habe ich ...
CLAIRE Seien Sie ruhig, dumme Person! Mein Kleid!
SOLANGE *sucht im Schrank, schiebt einige Kleider zur Seite* Das rote Kleid. Die gnädige Frau wird das rote Kleid anziehen.
CLAIRE Das weiße Kleid, habe ich gesagt. Mit den Pailletten.
SOLANGE *unbeweglich* Ich bedaure. Die gnädige Frau wird heute Abend das scharlachrote Samtkleid tragen.
CLAIRE *einfältig* Ja? Warum?
SOLANGE *kalt* Ich kann die Brust der gnädigen Frau unter dem Samt nicht vergessen. Wenn die gnädige Frau seufzt und dem gnädigen Herrn von meiner Ergebenheit spricht ... Übrigens, eine schwarze Toilette wäre für eine Witwe angebrachter.
CLAIRE Wie?
SOLANGE Muss ich deutlicher werden?
CLAIRE Ach. Du möchtest reden ... Sehr gut. Drohe mir. Beleidige deine Herrin. Du möchtest von dem Unglück sprechen, das dem gnädigen Herrn zugestoßen ist, nicht wahr, Solange? Ziege. Es ist zwar jetzt nicht der Augenblick, daran zu denken, aber ich werde aus dieser Anzeige einen glänzenden Vorteil ziehen. Du lächelst? Zweifelst du daran?
SOLANGE Die Gelegenheit ist noch nicht gekommen, sie ans Licht zu ziehen, deine ...
CLAIRE Meine Gemeinheit? Meine Gemeinheit! Ans Licht ziehen! Was für ein Ausdruck!
SOLANGE Gnädige Frau!
CLAIRE Ich weiß, worauf du hinaus willst, deine Anklagen dröhnen mir schon in den Ohren. Von Anfang an hast du mich beschimpft. Du wartest auf den Moment, wo du mir ins Gesicht spucken kannst.
SOLANGE *mitleidig* Gnädige Frau, gnädige Frau – wir sind noch nicht so weit. Wenn der gnädige Herr ...
CLAIRE Wenn der gnädige Herr im Gefängnis ist, so bin ich schuld daran. Wage das zu sagen! Wage es! Du kannst ganz offen sprechen. Sprich!

Ich gehe unsichtbar vor, durch meine Blumen getarnt – und du bist mir gegenüber machtlos.
SOLANGE Das geringste Wort enthält in Ihren Augen eine Drohung. Die gnädige Frau sollte sich daran erinnern, dass ich das Dienstmädchen bin.
CLAIRE Weil ich den gnädigen Herrn angezeigt habe, weil ich mich dazu hergegeben habe, ihn zu verkaufen, soll ich dir auf Gnade und Barmherzigkeit ausgeliefert sein? Dabei hätte ich Schlimmeres fertig gebracht. Besseres. Glaubst du vielleicht, ich hätte nicht gelitten? Claire, ich habe meiner Hand Gewalt angetan, verstehst du, ich musste sie zwingen, langsam, unerbittlich, ohne Fehler und ohne zu radieren diesen Brief zu schreiben, der meinen Geliebten ins Gefängnis brachte. Und du verhöhnst mich, anstatt mich zu stützen? Du nennst mich Witwe?! Der gnädige Herr ist nicht tot, Claire. Von Zuchthaus zu Zuchthaus wird man ihn schleppen, bis nach Guyana vielleicht, und ich, seine Geliebte, wahnsinnig vor Schmerz, werde ihn begleiten. Ich werde auf dem Transport dabei sein. Ich werde seinen Ruhm teilen. Und weil du schon von Witwe redest: Die Trauerkleider der Königinnen sind weiß. Davon hast du keine Ahnung, Claire. Mir verbieten, das weiße Kleid anzuziehen!
SOLANGE *kalt* Die gnädige Frau wird das rote Kleid tragen.
CLAIRE *einfach* Gut. *Streng.* Geben Sie mir das Kleid. Oh, wie einsam ich bin und ohne Freundschaft. Ich lese in deinen Augen, wie du mich hasst.
SOLANGE Ich liebe Sie.
CLAIRE So, wie man seine Herrin liebt, gewiss. Du liebst mich und achtest mich. Du wartest auf die Schenkung, die Testamentsänderung zu deinen Gunsten …
SOLANGE Ich würde alles tun, damit …
CLAIRE *ironisch* Ich weiß. Du würdest mich ins Feuer werfen. *Solange hilft Claire das Kleid anziehen.* Haken Sie ein. Ziehen Sie nicht so stramm. Versuchen Sie nicht, mich zu fesseln. *Solange kniet zu den Füßen von Claire nieder und ordnet die Falten des Kleides.* Unterlassen Sie es, mich zu streifen! Rutschen Sie zurück. Sie riechen wie ein wildes Tier. Von welchem ekelhaften Hängeboden, wo Sie nachts die Besuche der Hausdiener empfangen, schleppen Sie diese Gerüche mit sich herum? Hängeböden! Mädchenzimmer! Mansarden! Nur zur Erinnerung spreche ich vom Geruch der Mansarden, Claire. Dort drüben … *sie deutet auf einen Punkt des Zimmers* … die beiden Eisenbetten mit dem Nachttisch dazwischen. Hier die Kommode aus Kiefernholz mit dem kleinen Marienaltar. Es stimmt doch so oder?
SOLANGE Wir sind unglücklich. Ich könnte heulen.

CLAIRE Es stimmt. Die Anbetung der Gipsjungfrau und unsere Kniefälle wollen wir hier übergehen. Nicht einmal von den Papierblumen werden wir sprechen. *Sie lacht.* Papierblumen! Und der geweihte Buchsbaumzweig! *Sie deutet auf die Blumen im Zimmer.* Betrachte die Blüten, die sich mir zu Ehren geöffnet haben. Ich bin eine schönere Jungfrau, Claire.
SOLANGE Schweigen Sie ...
CLAIRE Und dort, die berüchtigte Dachluke, durch die der halbnackte Milchmann bis an Ihr Bett springt!
SOLANGE Die gnädige Frau schweifen ab, die gnädige Frau ...
CLAIRE Ihre Hände! Schweifen Sie mit Ihren Händen nicht ab. Habe ich es Ihnen noch nicht oft genug gesagt? Sie verpesten den Spülstein.
SOLANGE Wie es fällt!
CLAIRE Was?
SOLANGE *das Kleid richtend* Der Fall! Ich treffe Vorbereitungen für Ihren Sündenfall.
CLAIRE Entfernen Sie sich. Sie streifen mich. *Sie versetzt Solange mit ihrem Absatz Louis XV. einen Tritt an die Schläfe. Solange schwankt und rutscht zurück.*
SOLANGE Ich vergreife mich. Ich bin eine Diebin? Oh!
CLAIRE Ich habe gesagt, Sie streifen mich. Wenn Sie jetzt unbedingt flennen wollen, dann bitte in Ihrer Mansarde. Hier in meinem Zimmer dulde ich nur vornehme Tränen. Eines Tages wird der Saum meines Kleides von ihnen übersät sein, aber von kostbaren Tränen. Richten Sie die Schleppe, Gassendirne!
SOLANGE Die gnädige Frau lassen sich hinreißen!
CLAIRE Der Teufel entführt mich in seinen duftenden Armen. Er hebt mich in die Höhe, ich löse mich vom Boden, ich entschwinde ... *sie stampft mit dem Absatz auf den Boden* ... und bleibe. Das Halsband? Beeile dich gefälligst, wir haben keine Zeit mehr. Wenn das Kleid zu lang ist, mache mit Sicherheitsnadeln einen Saum. *Solange steht auf und entfernt sich, um das Halsband aus einem Kästchen zu nehmen. Claire kommt ihr zuvor und bemächtigt sich des Schmuckstückes. Dabei streifen sich ihre Finger. Claire fährt erschrocken zurück.* Bleiben Sie mit Ihren Händen fern von mir, berühren Sie meine Hände nicht. Ihre Berührung ist unrein. Beeilen Sie sich!
SOLANGE Wir sollten nicht übertreiben. Ihre Augen fangen an zu flackern. Sie erreichen das Ufer.
CLAIRE Was sagen Sie?
SOLANGE Die Grenzen, die Schranken. Gnädige Frau, Sie müssen auf Abstand sehen.

CLAIRE Was für eine Sprache, mein Kind! Claire! Du rächst dich, nicht wahr? Du spürst, dass der Augenblick näher rückt, an dem du deine Rolle aufgeben wirst ...
SOLANGE Die gnädige Frau versteht ganz vorzüglich, die gnädige Frau errät, was ich sagen will.
CLAIRE Du spürst, dass du bald nicht mehr das Dienstmädchen sein wirst. Du wirst dich rächen. Du bereitest dich vor. Du schärfst deine Krallen. Der Hass weckt dich auf. Aber Claire, vergiss nicht. Hörst du mich, Claire? Claire, hörst du mir nicht zu?
SOLANGE *zerstreut* Ich höre.
CLAIRE Durch mich, nur durch mich existiert das Dienstmädchen. Durch mein Geschrei und meine Gesten.
SOLANGE Ich höre.
CLAIRE *schreit* Nur durch mich bist du überhaupt – und du verhöhnst mich. Du ahnst ja nicht, wie mühsam es ist, ›gnädige Frau‹ zu sein und den Vorwand zu liefern für dein Theater. Eine Handbewegung von mir würde genügen und du würdest aufhören zu existieren.
Aber ich bin gut, ich bin schön – und ich fordere dich heraus. Die Verzweiflung über meinen Geliebten macht mich noch schöner!
SOLANGE *verächtlich* Ihr Geliebter ...
CLAIRE Mein unglücklicher Geliebter dient meiner Vornehmheit, mein Kind. Ich steige noch höher – um dich zu erniedrigen und zu erregen. Denk an alle deine Listen, es ist Zeit!
SOLANGE Genug! Beeilen Sie sich. Sind Sie bereit?
CLAIRE Und du?
SOLANGE *anfangs leise* Ich bin bereit. Ich habe es satt, ein Gegenstand des Abscheus zu sein. Auch ich hasse Sie ...
CLAIRE Ruhig, meine Kleine, immer ruhig ... *Sie klopft ihrer Schwester vorsichtig auf die Schulter, um sie zu beruhigen.*
SOLANGE Ich hasse Sie. Ich verachte Sie. Sie schüchtern mich nicht mehr ein. Wecken Sie die Erinnerung an Ihren Geliebten. Er soll Sie schützen. Ich hasse Sie! Ich hasse Ihre duftenden Elfenbeinbrüste! Ihre goldenen Schenkel, Ihre Bernsteinfüße ... *Sie spuckt auf das rote Kleid.* Ich hasse Sie!
CLAIRE *nach Luft ringend* Oh, oh! Aber ...
SOLANGE *geht auf sie zu* Ja, gnädige Frau. Schöne, gnädige Frau. Sie glauben, es ist Ihnen bis zum Schluss alles erlaubt. Sie glauben, Sie können dem Himmel seine Schönheit stehlen und mir nichts von ihr geben? Parfum, Puder, Nagellack, Seide, Samt, Spitzen nach Ihrem Geschmack auswählen und mir nichts davon geben? Und mir den Milchmann wegnehmen? Geben Sie es zu. Gestehen Sie das mit dem

Milchmann! Seine Jugend, seine Frische verwirren Sie, nicht wahr? Gestehen Sie! Denn Solange kotzt Sie an!
CLAIRE *verwirrt* Claire! Claire!
SOLANGE Ja?
CLAIRE *murmelnd* Claire, Solange, Claire.
SOLANGE Ja doch. Claire. Claire kotzt Sie an. Claire ist hier. Klarer als jemals zuvor. Leuchtend! *Sie ohrfeigt Claire.*
CLAIRE Oh, oh! Claire ... Sie ... oh!
SOLANGE Die gnädige Frau glaubte sich hinter ihren Blumenbarrikaden geschützt; sie glaubte sich gerettet durch ein außergewöhnliches Schicksal, durch ein Opfer. Aber Sie haben den Aufstand der Dienstboten nicht mit eingerechnet. Sehen Sie ihn herannahen, gnädige Frau? Er wird Ihr Abenteuer zum Platzen bringen. Dieser Herr war nichts weiter als ein armseliger Dieb und Sie eine ...
CLAIRE Ich verbiete dir ...
SOLANGE Mir verbieten? Sie scherzen. Die gnädige Frau sieht verboten aus. Ihr Gesicht verfällt. Möchten Sie einen Spiegel? *Sie reicht Claire einen Handspiegel.*
CLAIRE *spiegelt sich selbstgefällig* Ich sehe noch schöner aus darin. Die Gefahr umgibt mich mit ihrem Heiligenschein und du bist nichts als höllische ...
SOLANGE ... Finsternis! Ich weiß. Ich kenne die Stelle. Ich kann auf Ihrem Gesicht lesen, was ich antworten soll. Diesmal werde ich bis ans Ende gehen. Die beiden Zofen sind da – die ergebenen Dienerinnen. Werden Sie noch schöner, um sie zu verachten. Wir fürchten Sie nicht mehr. Wir sind eingehüllt und verschmolzen in unsere Ausdünstungen, unser Gepränge, unseren Hass auf Sie. Wir nehmen Gestalt an, gnädige Frau. Lachen Sie nicht. Lachen Sie ja nicht über meine Großspurigkeit ...
CLAIRE Gehen Sie ...
SOLANGE Zu Diensten, gnädige Frau. Ich gehe in meine Küche zurück. Dort finde ich meine Handschuhe wieder und den Geruch meiner Zähne. Das schweigende Rülpsen des Ausgusses. Sie haben Ihre Blumen und ich habe meinen Ausguss. Ich bin das Dienstmädchen. Sie wenigstens können mich nicht beschmutzen. Aber im Paradies werden Sie nicht mehr über mir stehen. Eher folge ich Ihnen dorthin, als dass ich meinen Hass an der Pforte zurücklasse. Lachen Sie ein bisschen, lachen Sie und beten Sie. Schnell, ganz schnell! Sie haben ausgespielt, meine Teuerste! *Sie klopft Claire auf die Hände, die diese schützend vor die Kehle hält.* Herunter die Pfoten, zeigen Sie Ihren zerbrechlichen Hals. Nicht zittern, nicht mit den Zähnen klappern. Ich arbeite schnell

und lautlos. Ja, ich werde in meine Küche zurückgehen – aber erst bringe ich meine Arbeit hier zu Ende.
Ein Wecker klingelt plötzlich. Solange hält inne. Die beiden Schauspielerinnen nähern sich gerührt und lauschen, aneinander geschmiegt.
Schon?
CLAIRE Wir müssen uns beeilen. Die gnädige Frau kommt zurück. *Sie beginnt, ihr Kleid aufzuhaken.* Hilf mir. Es ist schon Schluss und du hast nicht bis zu Ende gehen können.
SOLANGE *hilft ihr; traurig* Es ist immer das gleiche. Du bist schuld daran. Nie bist du schnell genug fertig. Ich kann dir nicht mehr den Garaus machen.
[...]
(Les bonnes, U. 1947 Paris; dt. EA 1957 ContraKreis Bonn, Übertr. Gerhard Hock)

George Tabori *Mein Kampf. Farce*

| Der Autor führt in diesem Stück zwei Menschen zusammen, wie sie unterschiedlicher wohl kaum sein können. Adolf Hitler, der, bevor er seine unheilvolle Karriere als Menschenvernichter begann, in Wien Kunstmaler werden wollte, trifft in einem Obdachlosenasyl auf den Juden Schlomo Herzl. Zwischen beiden entwickelt sich eine merkwürdige Hassliebe, die von Herzls Freund Lobkowitz misstrauisch beobachtet wird. |

ZWEITER AKT

[...]
Hitler kehrt zurück, halb angezogen: Vatermörder, Hochzeitsschlips, Sakko, lange Unterhose.
HITLER Wie sehe ich aus?
HERZL Ein Feschak.
HITLER Ich weiß, dass ich nicht schön bin, aber meine Züge, hat man mir versichert, spiegeln einen eisernen Charakter.
HERZL Bestehst du auf diesem eisernen Schnauzbart?
HITLER Was dagegen?
HERZL Du siehst damit aus wie ein Hunne und Hunnen schätzt man hier nicht. Ich mag ja Hunnen, aber die Akademie der Schönen Künste ist notorisch patriotisch.
HITLER Ich habe ihn wachsen lassen und er ist gewachsen.
HERZL Ich beschneide ihn besser.
HITLER Ist mir schnurz, mach mich ruhig zu einem Kleinkrämer.

Herzl kämmt den Bart, er hängt herunter, er stutzt das eine Ende, dann das andere, sie wollen nicht gerade bleiben, machen das Gesicht schief, bis Herzl den Busch auf eine respektable Zahnbürste reduziert hat, die unter der Nase lehnt. Dann bürstet Herzl Hitlers Haar, es will nicht in Form bleiben, eine Strähne fällt ihm in die Stirn, Herzl reibt etwas Schmalz hinein und scheitelt es. Hitler, im Spiegel, schmollt noch immer. Nachdem Herzl ihm in seinen Wintermantel geholfen hat, nimmt er seine Mappe auf. Herzl knöpft ihn zu und entfernt einen Fussel vom Revers.

Jude, ich schätze deine Handreichungen. Wenn meine Zeit gekommen ist, werde ich dich angemessen entlohnen. Ich werde dir einen Laden kaufen, damit du es warm hast, und wenn du richtig alt bist, finde ich eine saubere Lösung für dich, irgendein komfortables Altersheim in den Bergen mit Volkstanz-Festen samstagnachts.

HERZL Geh jetzt oder du kommst zu spät. Erwarte nichts und du wirst nicht enttäuscht werden. Van Gogh hat tausend Bilder gemalt und nur ein einziges an seinen Bruder verkauft.

HITLER Ich habe keinen Bruder. *Hitler ab.*

Herzl versucht zu dichten.

HERZL Endlich allein.

LOBKOWITZ Der Mensch ist nie allein.

HERZL Also, auf ein Neues, vorausgesetzt, ich kann meine Handschrift lesen.

LOBKOWITZ Probier's!

HERZL *liest* »In einer kalten Wiener Nacht, die in den Morgen graute, der kältesten seit Menschengedenken ...« Wie findest du das als Anfang?

LOBKOWITZ »Die Brüder Karamasow« ist es nicht.

HERZL Was ist schon so gut wie »Die Brüder Karamasow«?

LOBKOWITZ »Die Brüder Karamasow« zum Beispiel sind so gut wie »Die Brüder Karamasow«.

HERZL »Der Hahn kräht, die Uhr tickt, es ist Zeit, meine Herren, mahnt der Barmann die Betrunkenen, vor der Tür wird heftig geatmet, die Höllenmeute sitzt mir auf den Fersen, Beleidigungen jodelnd, gierig darauf aus, dieses Buch zu schnappen, dieses Papierbaby, mein einziges Kind, meine letzte Chance, das zu erinnern, was ich in meiner Jugend vergessen habe, nämlich den Heiligen, Sein Name sei gepriesen.«

LOBKOWITZ Dieser Satz stimmt nicht.

HERZL Soll ich ihn streichen?

LOBKOWITZ Was gestrichen ist, schimmert im Dunkeln, Spuren eines Diebes in der Nacht.

HERZL Also, wie soll ich anfangen: »Des Nachts auf meinem Lager suchte ich, den meine Seele liebt?«
LOBKOWITZ Es ist leicht, die Bibel zu plündern –
HERZL – und die Propheten zu verdrehen.
LOBKOWITZ Ich gehe.
HERZL Verlässt du mich?
LOBKOWITZ Gott braucht den Menschen. Auch der Mensch braucht den Menschen, aber du hast etwas von deiner Menschlichkeit verloren, seitdem du den Grafiker bedienst wie eine Mutter und die Mütter sterben mit dem Schwert im Arsch, das weißt du ja. Ich mache mir Sorgen um dich, aber ich verlasse dich und kehre zu Moskowitz zurück, um ihn über den Unterschied zwischen Essen und Fressen zu belehren. Frag mich nach dem Unterschied.
HERZL Was ist der Unterschied?
LOBKOWITZ Als wir jung waren, Moskowitz und ich, zur Zeit der großen Hungersnot, haben wir in riesigen Kesseln Erdäpfelsuppe gekocht und fünftausend Wiener sind gekommen, und da sie hungrig waren, haben sie gegessen und die Suppe hat ihnen geschmeckt wie Manna, und das war gut. Später ist der Wohlstand gekommen mit Ekel und Geschwüren und wir haben alles hineingefressen, bis wir es wieder auskotzten. Gestern Nacht hatte ich einen Traum, ich war auf Ferien im Hotel Zwei Jahreszeiten. Du kamst zu Besuch. Ich saß in meinem Zimmer und weinte bittere Tränen. – Was ist los, fragtest du, das Zimmer zu klein? – Nein. – Die Bedienung frech? – Nein. – Was ist es dann, Lobkowitz? Und ich sprach: Um sechs wecken sie einen mit Tee, Schmalz und Zwieback. Dann Frühstück, vier Gänge, anschließend Kaiserschmarrn. Dann Jause, Wurst, Käse, Müsli. Dann Mittagessen, acht Gänge, anschließend Kaiserschmarrn. Dann Siesta mit Senatshäppchen. Um fünf Sandwich und Sachertorte. Dinner, zehn Gänge, anschließend Kaiserschmarrn, Souper um zehn, Kaviar Beluga, Lobster American Style, zur Nachtruhe heiße Milch mit Mozartkugeln. – Und was fehlt dir noch, Lobkowitz? – Sie geben einem keine Chance zu scheißen. – Du wartest auf Hitler?
HERZL Potentielle Selbstmörder erkenne ich auf einen Blick. Ich sehe ihn schon entlangtreiben im Donaukanal, von meinem Wintermantel nicht zu reden.
LOBKOWITZ Pass bloß auf, Schlomo Herzl, die Liebe ist lebensgefährlich.
HERZL Geh, aber geh vorsichtig.
Lobkowitz ab. Herzl räumt auf, setzt sich, wartet. Es wird Abend. Die Tagespenner kehren erschöpft heim und gehen schlafen. Hitler torkelt durch die Tür.

HITLER Um Shakespeare zu zitieren: Wo warst du?
HERZL Hier, um Shakespeare zu zitieren, war ich.
HITLER Gefühllose Bestie!
HERZL Zum ersten Mal seit meiner Rippenfellentzündung im Jahre 1905 habe ich deinetwegen meine nächtliche Runde unterlassen, was ich mir kaum leisten kann, am Montag ist die Miete fällig.
HITLER *nimmt Herzls Nase zwischen seine Fingerknöchel und zieht ihn zu sich heran* Ich erlebe mein Waterloo und du treibst dich herum.
HERZL Außer Polente und Pferden verabscheue ich am meisten Betrunkene. *Entwindet seine Nase.* Wenn du das noch einmal tust, breche ich dir deinen Hals.
HITLER Du? Brechen? Meinen? Hals?
Herzl tritt ihm gegen das Schienbein. Hitler brüllt.
HERZL *brüllt* Halt's Maul, du weckst die anderen. Wie ist es gelaufen?
HITLER Wie es gelaufen ist? Es ist überhaupt nicht gelaufen, es ist niedergefahren wie ein Blitz aus heiterem Himmel und hat meine jugendliche Zuversicht versengt. Als ich mich dem Rektor vorstellte und eine Erklärung forderte für den Grund meiner Nicht-Annahme, erklärte mir dieser Herr, dass ein flüchtiger Einblick in meine Mappe das Lehrerkollegium von meiner hoffnungslosen künstlerischen Unfähigkeit überzeugt hätte. Der Schweinehund drückte es gröber aus. Junger Mann, sagte er, mehr als eine Küchenwand zu malen müsste Ihnen verboten werden. Ich habe mich erhoben und mit einer ersterbenden Bemerkung entfernt.
HERZL Zum Beispiel?
HITLER Auf Wiedersehen. Was sonst hätte ich ihm sagen sollen, diesem Herrn Baron von Kropf oder Tropf.
HERZL Topf.
HITLER Wieso Topf?
HERZL Klingt besser.
HITLER Du kennst ihn?
HERZL Jeder in Wien kennt ihn.
HITLER Ondulierte Haare, parfümiertes Taschentuch in der Brusttasche, Perle auf der silbernen Fliege, taubengraue Gamaschen, dieser baroneske Schweinehund, der Dekadenz verströmte und vorzuschlagen wagte, ich solle Anstreicher werden.
HERZL Alkohol macht dumm, elend und tot. Ich habe dich gewarnt. Und wenn du jetzt auf einen Älteren hören willst, rate ich dir, auf ein akademisches Studium zu verzichten, auch Leonardo war Autodidakt.
HITLER War er nicht.
HERZL Kommt drauf an, welchen Leonardo du meinst. Leonardo Ellenbogen zum Beispiel w a r Autodidakt, er sass neben mir im Kinder-

garten. Andererseits, was hast du gegen Anstreicher? Mein Cousin zweiten Grades, Joshua, begann seine Karriere mit dem Kalken der Synagoge und endete als königlicher Tapetenlieferant der Hannoveraner Dynastie von Herrenhausen.

HITLER *würgt Herzl* Ich ein Anstreicher? Am Arsch!

HERZL Besser gewürgt als Würger, sagt das elfte Gebot.

HITLER Verräter! Dolch in meinem Rücken! Weltweite Verschwörung der Ahnen Zions! Das habe ich mir gedacht! Steckst mit von Kropf unter einer Decke, hast ein Komplott geschmiedet, um meinen Aufstieg zu den Gipfeln des Ruhms zu verhindern! Wer hat mich heute morgen ohne Hosen weggeschickt?

HERZL Niemand ist perfekt.

HITLER Ich hätte es wissen sollen, aber es macht nichts, dies sind meine Lehrjahre; als ich im Stechschritt aus von Kropfs Büro marschiert war, habe ich Zuflucht in einem nahe gelegenen Kaffeehaus gesucht, einer rauchgeschwängerten Lasterhöhle, und meine Augen öffneten sich weit, und da habe ich sie gesehen, diese Shylocks, schwarze Pestvögel in schmierigen Pelzen und Kaftanen, keine Freunde von Wasser und Seife, ihren Achselhöhlen entströmte ein Gestank dampfender Wollust, während sie ein christliches Baby-Schnitzel hinunterschlangen.

HERZL Welche Beilage?

HITLER Blumenkohl, Leipziger Allerlei und Röstkartoffeln.

HERZL Kein Salat?

HITLER Sie haben mir etwas zu trinken angeboten, einen Teufelstrunk, irgendwas Ausländisches, Malteser, und eine Frau mit Brüsten groß wie Wassermelonen, die ihr Kinn stützten, knabberte an meinem Ohrläppchen. Noch nie hat es jemand gewagt, an meinem Ohrläppchen zu knabbern. Ich werde nicht dulden, dass jemand an meinem Ohrläppchen knabbert! Sag mal, Schlomo, unter uns, ist dieser Beischlaf Tatsache?

HERZL Wie meinst du das, Tatsache?

HITLER Der Vikar Basedow hat mich wissen lassen, dass er das ist.

HERZL Was ist?

HITLER Er sagte: Vorsicht, in einer Großstadt wie Wien tun sie es wirklich.

HERZL Tun was?

HITLER Na ja, du weißt schon, Männer und Frauen, zusammen, wie die Hunde.

HERZL Nicht unbedingt wie die Hunde, Adolf, nicht in Wien.

HITLER Aber sie tun es tatsächlich?

HERZL Die Bevölkerung wächst, Adolf.

HITLER Nenn du mich noch einmal Adolf, und ich dreh dir den Hals um! Ist es schön?
HERZL Manchmal.
HITLER Aber es ist Sünde?
HERZL *legt eine Rabbinerhand auf seinen feuchten Schädel* Des Menschen Freude ist Gottes Freude, in kleinen Dosen.
HITLER *flüstert feucht* Eines Sommertags in Braunau-am-Inn sah ich eine Frau am Inn. Sie trocknete ihren nackten Hintern, ihre Brüste schwangen im Zwielicht, sie hob ein Bein und ich sah ihre Mitte und sie war schwarz wie die Nacht. Was hältst du von der Nacht?
HERZL Eine von zwei Möglichkeiten, die Nacht. Sie kommt und geht, die Nacht. Ein Stachel in der Seite ist Gottes Finger in der Nacht, welche Gottes Zeit ist, eine Zeit zu lieben, eine Zeit zu sterben. Wenn man alt wird, zieht man den Tag vor.
HITLER Ich kriege meine besten Ideen in der Nacht. Ich sag dir was, wenn du mich verrätst, lasse ich dich rösten wie ein Morgenbrötchen. Ich will nämlich gar kein Maler werden. Ich will kein Zwielicht malen. Das ist nur ein taktischer Trick für Dummköpfe. Ich will was anderes.
HERZL Was zum Beispiel?
Hitler Die Welt.
HERZL Soso. Die ganze?
HITLER Ja.
HERZL Neuseeland eingeschlossen?
HITLER Besonders Neuseeland!
HERZL Was ist so toll an Neuseeland?
HITLER Ich weiß nicht, aber ich will es.
HERZL Sei vernünftig, Adolf. Bedenke doch, was alles mit dranhängt am Territorium. Millionen Muschiks in Russland beispielsweise.
HITLER Die werden geschoren.
HERZL Und die Tunten von England? Die Dünen von Arabien? Und alle diese Neger mit der Nacht in ihren Ärschen?
HITLER Die werden weißgeschrubbt. Belästige mich nicht mit Kleinkram! Es ist alles bedacht, wenn auch nicht in Einzelheiten. Heinrich ist hier, um mir zu helfen, ein Schulkamerad, ein Fliegenbeinausreißer, ein akademisches Genie. Er hat sich auf Schädel spezialisiert, er weiß, wie man sie auf die Größe von Pingpongbällen schrumpft, er arbeitet jetzt an einer neuen Methode, den Rest zu schrumpfen. Die Leute sind, ganz allgemein gesehen, zu groß oder zu fett, sie verstopfen die Straßen; wenn man sie schrumpft, gewinnt man Lebensraum. Ich will geschrumpfte Leute um mich haben, in Reih und Glied, und wenn nötig werden sie vom Rand gestoßen. Eines hat mich immer beunruhigt an der Welt:

Ihre Rundheit, runde Dinge liegen mir nicht, zu kumpelig, erinnern mich an, du weißt schon was.

HERZL Nein.

HITLER Diese runde Welt dreht sich, ohne dass die Leute runterfallen. Das ergibt, ehrlich gesagt, keinen Sinn, und deshalb müssen wir uns auch um die Schwerkraft kümmern. Ich habe nie viel von Schwerkraft gehalten – du?

HERZL Sie hat mich eigentlich nie gestört.

HITLER Hält einen fest im Schlamm, die Nase am Boden, hindert einen, die kleinen Menschen vom Rand zu stoßen. Im Vertrauen gesagt, ich bin ganz vernarrt in die Idee, dass man, an einem Regentag zum Beispiel oder des Nachts, wenn die Fledermäuse umherfliegen, alle diese Schrumpfmenschen am Rande aufreihen könnte und – pfff! – runterpusten könnte wie Engel, die ins Nichts fallen. Es könnte notwendig werden, die Rundheit der Welt umzustrukturieren zur eckigen Form, zum Würfel, sagen wir mal, damit die Menschen nicht mehr um das Runde kriechen können, sondern vom Rand hängen, bis man ihnen auf die Finger tritt und sie – hoppla! – kreischend runterfallen. Was meinst du dazu?

HERZL Eine Erneuerung.

HITLER Reingefallen! *Er spuckt Herzl in die Augen.* Du Pissnelke, du Knoblauchfresser, bist auf meinen Trick reingefallen! Deine Bosheit ist entblößt. Dein Triumph wäre ein Todestanz, wenn dieser arme Planet leer durch den Äther trudelte, aber hüte dich, Freundchen! Die Natur ist ewig und wird das Überschreiten ihrer Gebote unerbittlich rächen. Indem ich dir die Maske vom Gesicht riss, habe ich zu Ehren des Allmächtigen gehandelt. Unsterblichkeit sei mein, Juda verrecke, amen. Wenn du auch nur ein einziges Wort unserer vertraulichen Unterredung in dein Buch schreibst, spreche ich nie wieder mit dir, wenn ich deine Asche in alle vier Winde streue. – Ich gehe zu Bett.

HERZL Goldene Träume.

Hitler kriecht ins Bett und schläft ein. Lobkowitz kehrt heim, zu Brei geschlagen.

Wer hat dich geschlagen?

LOBKOWITZ Ich war umzingelt.

HERZL Wie viele waren es?

LOBKOWITZ Einer.

HERZL Besser ein Gejagter als ein Jäger.

LOBKOWITZ *brüllt* Sagen die Scheißjäger.

HERZL *wäscht Lobkowitz' Gesicht* Liebe deine Feinde wie dich selbst, was dir nicht so schwer fallen sollte, da du dich selber nicht so toll findest.

LOBKOWITZ   Ich finde mich nicht toll, ich bin toll!
HERZL *bietet einen Schluck Malteser an* Trink und bedenke: das nächste Jahr in Jerusalem.
LOBKOWITZ   Gut, aber was ist mit diesem Jahr?

(U. 1987, Übertr. Ursula Grützmacher-Tabori)

Die Brüder Karamasow [Brat'ja Karamazovy, 1880; dt. 1919]   – unvollendeter Roman von F. M. Dostojewski (1821–1881)

Ina Strelow   *Bin ausgebrannt und zapple noch*

| Es spielen: »eine Familie mit Kind: Marianne, Johannes, Marco; eine Familie ohne Kind: Martha, Frieder«. Marianne ist arbeitslos und erträgt es nicht mehr. Ihr Mann Johannes hat ein Büchlein, das er bei jeder Gelegenheit hervorzieht und mit der Frage »Wieviel?« beginnt, darin herumzurechnen. Mit seinem Sohn gibt es nur noch Streit. Marco redet mit ihm nur noch indirekt, über seine Mutter. Als dann auch Johannes seine Arbeit verliert, droht alles endgültig aus den Fugen zu geraten. Er verschreibt sich dem Teufel. Marianne braucht viel Kraft und eine ungewöhnliche Methode, um ihn vor dem Ausverkauf der Seele zu beschützen: »Ich habe ihm die Hand abgehackt. Sehen Sie. […] Ich – habe – ihm – die – Hand – abgehackt. Und er kann niemandem mehr dienen.« (Prolog) |

1. SZENE

JOHANNES   Marianne! Was ist das? Wie oft habe ich dir gesagt, ich will die Dinge mit dir absprechen.
MARIANNE   Manche Dinge sind, wenn du nicht da bist.
JOHANNES   Was machst du da oben?
Marianne sitzt auf dem höchsten Küchenschrank.
MARIANNE   Ich bin Königin und schaue auf mein Reich.
JOHANNES   Und?
MARIANNE   Es wird eng in meinem Reich.
JOHANNES   Und es wird leer in meiner Kasse. Das ist keine Küche mehr, das ist 'ne Maschinenhalle. Komm runter.
MARIANNE   Nein.
JOHANNES   Heute ist Dienstag.
MARIANNE   Dienstag, Mittwoch, Donnerstag, März, April und Mai, Jugend, Liebe, Hochzeit, Tod. Das ist der Königinnen Not.
JOHANNES   Gut. Und heute ist Dienstag und wir bekommen Besuch.
MARIANNE   Ich habe keine Lust mehr.
JOHANNES   Bitte, Janne, könnten wir das verschieben.

MARIANNE Nein.
JOHANNES Wie du willst: Was soll dieser Spiegel im Flur?
MARIANNE Ein Spiegel. Warum nicht. Der alte war stockblind.
JOHANNES Das hat uns bisher nicht geschadet.
MARIANNE Du bist gemein. Ich konnte meine Füße nie darin sehen.
JOHANNES Das überzeugt. Wieviel? *Er zieht ein kleines Buch aus seiner Jackentasche und beginnt, darin zu rechnen.*
MARIANNE Wenn Besuch kommt, müssen die Teller ins Zimmer.
JOHANNES Wieviel?!
MARIANNE Erst die Teller.
JOHANNES Marianne, ich hab gefragt, wieviel!
MARIANNE Und ich hab gesagt, die Teller. Aber wenn du willst, bleibe ich den ganzen Abend hier oben.
JOHANNES Das ist ja außerordentlich spaßig.
MARIANNE Nein, das wird dann außerordentlich peinlich.
Er trägt die Teller ins Zimmer.
JOHANNES Und jetzt du.
MARIANNE Einhundertneunundsechzig Mark.
JOHANNES 169. Wieviel Wirtschaftsgeld gebe ich dir pro Woche?
MARIANNE Gibt es einen Preis bei dem Quiz? Schon gut: 200.
JOHANNES Bleiben?
MARIANNE Bleiben Schläge.
JOHANNES Ach Scheiße! Verzeihung. Wann hab ich dich je geschlagen?
MARIANNE Und gekniffen.
JOHANNES Ich hab mich immer entschuldigt.
MARIANNE Aber nie richtig. Es gab Zeiten, in denen hast du gesagt, ich sei deine Königin. Königinnen kneift man nicht. Die schönsten Sätze erstarren nach Jahren zu kaltem ranzigen Fett, dass es einen sogar ekelt, es wegzuschütten.
JOHANNES Was ist passiert?
MARIANNE Wieder nichts. Knie einmal vor mir nieder.
JOHANNES Wie bitte?
MARIANNE Ein einziges Mal.
JOHANNES Auf welcher Bühne sitzt du da oben? Hast du nichts Besseres zu tun?
MARIANNE Besser oder schlechter haben sich aufgelöst. Nur ein einziges Mal.
JOHANNES In zwei Stunden muss das Essen fertig sein.
MARIANNE Einmal, Johannes!
JOHANNES Das ist lächerlich, Marianne!
MARIANNE Genau das ist es nicht. – Danke.

JOHANNES   Und jetzt hörst du mir mal zu. *Er holt sein Buch hervor.*
MARIANNE   Nein. Deine Aufrechnung darüber, was ich in der letzten Woche wieder sinnloserweise ausgegeben habe, hängt mir zum Halse raus. Und alles von deinem Geld.
JOHANNES   Ist das falsch?
MARIANNE   Ich habe keine Lust mehr.
JOHANNES   Verflucht noch mal, warum kann man mit dir nicht einmal vernünftig über Geld reden!
MARIANNE   Ich rechne jeden Tag alles ab vor dir. Du hast deine Schuhe noch an.
JOHANNES   Du hörst mir überhaupt nicht zu!
MARIANNE   Du siehst überhaupt nicht, dass die Küche glänzt?
JOHANNES   Doch. Komm jetzt runter, Janne.
MARIANNE   Ich habe Angst dort unten.
JOHANNES   Es ist dein Reich.
MARIANNE   Ich will es nicht mehr.
JOHANNES   Zu spät, Königin. Komm runter, ich fang dich auf. *Er fängt sie auf, hält sie einen Moment in seinen Armen und schlägt ihr dann mit seiner Linken ins Gesicht.* Und das spielen wir nicht noch einmal. Ich lasse mich von niemandem mehr herumkommandieren. Verstanden!
MARIANNE   Ich bin Niemand. Das hast du gesagt.
JOHANNES   Das hab ich mir geschworen. Und du weißt es ganz genau. *Er holt seine Hantel und trainiert seine linke Hand.* Ich habe Hunger.
MARIANNE   Ich habe schon lange keinen Hunger mehr.
Es klingelt.
FRIEDER   Sei gegrüßt. Tut mir leid, wir mussten heute früher kommen.
MARIANNE   Zwei Stunden.
JOHANNES   Macht nichts.
MARTHA   Es ist etwas dazwischengekommen. Guten Tag.
JOHANNES   Macht nichts. Macht nichts. Kommt rein.
MARIANNE   Macht nichts. Es ist alles noch roh. Guten Abend.
MARTHA   Es ist halt was Wichtiges dazwischengekommen.
MARIANNE   Das sagten Sie bereits.
MARTHA   Oh, es ist ja richtig gemütlich geworden.
Sie quetschen sich alle vier an eine kleine Zimmerbar.
MARIANNE   Ja, davon hab ich schon immer geträumt.
JOHANNES   Und ich sorge dafür, dass ihre Träume ... Wenn Sie noch ein kleines Stück ...
MARTHA   Geht's?
JOHANNES   Danke, geschafft. Marianne, haben wir nicht wenigstens eine Kleinigkeit zum Anbieten?

MARIANNE Roh oder tiefgefroren? Wir wollten um neun essen. Jetzt ist es zehn vor sieben.
FRIEDER Nein, nein, Hannes, macht euch bitte keine Umstände. Mit unserem Spielchen wird es heute nichts.
JOHANNES Schade. Dann trinken wir eben ein Gläschen. Moment.
FRIEDER Dafür habe ich heute die versprochenen Urlaubsfotos mitgebracht.
MARIANNE Was ist denn das?
MARTHA Eigentlich wollte er eine Galerie damit beglücken.
JOHANNES Warum hast du so riesige Fotos gemacht?
FRIEDER Damit ich eine riesige Erinnerung behalte.
MARTHA Ausgerechnet von diesem Urlaub. Alles Angeberei. Und Rom war zum Kotzen.
FRIEDER Martha vor dem Pantheon. Rom war wunderbar.
JOHANNES Schön.
MARTHA Kann ich noch einen Schluck bekommen? Schließlich haben wir ja einen Grund.
FRIEDER Martha, es reicht. Hier, Campo di Fiori. Und?
JOHANNES Sehr schön.
FRIEDER Was ist das?
MARIANNE Sieht aus wie ein Auto.
FRIEDER Ja, das ist unser neues. Von der Seite. Von hinten. Die andere Seite. Versteh ich nicht.
JOHANNES Was für einen Grund, Frieder?
FRIEDER Leinwinkler will mich haben.
JOHANNES Nein.
FRIEDER Doch.
JOHANNES Auf einmal?
FRIEDER Auf einmal. Er will nachher kommen.
JOHANNES Zu dir? Nach Hause? Leinwinkler?
FRIEDER Ja.
JOHANNES Nach so kurzer Zeit. Alle Achtung.
FRIEDER Guck, Palazzo Venezia. Was sagst du?
JOHANNES Schön. Sehr schön.
FRIEDER Martha, du hast alle Fotos durcheinander gebracht.
MARTHA Natürlich.
FRIEDER Hier, unsere neue Videokamera, das Solargerät.
JOHANNES Sehr schön.
FRIEDER Hometrainer, Geschirrspüler, Espressomaschine. Ich versteh es nicht. Ah hier, noch mal Campo di Fiori.
MARTHA Man sieht es ihr gar nicht an.

FRIEDER Wie bitte? Piazza Navona.
JOHANNES Sehr schön.
MARTHA Ich sagte, man sieht es ihr gar nicht an.
FRIEDER Wem sieht man was nicht an?
MARTHA Marianne, dass sie schon zwei Jahre zu Hause ist.
FRIEDER Martha!
MARIANNE Müssen wir alle schon Zeichen auf der Stirn tragen?
MARTHA So habe ich das nicht gemeint. Kann ich noch ein Schlückchen bekommen?
FRIEDER Forum Romanum. Schön, ja?
JOHANNES Ja.
FRIEDER Unser neuer Rasenmäher. Benziner, 3,5 PS, 65 Liter.
JOHANNES Aha.
MARTHA Sie wirken so lebenslustig.
MARIANNE Wenn Sie wüssten, was ich heute schon gelebt habe.
FRIEDER Noch mal Palazzo Venezia. Ich liebe Rom.
JOHANNES Wunderschön.
MARTHA Was machen Sie den ganzen Tag, Marianne?
MARIANNE Und in der Nacht. Beide sind leer.
JOHANNES Nun übertreibst du aber. Ja, sehr schön, Frieder. Sie kann sich wunderbar beschäftigen. Gestern erst hat sie mir die neuen Motive für ihre Glückwunschkarten gezeigt. Hol sie doch mal.
MARIANNE Nein. Möchten Sie noch ein Glas?
MARTHA Danke gern. Und du guck mich nicht wieder so an.
JOHANNES Dann hol ich sie. Ihr müsst euch nur etwas dünner machen. – Janne, wo hast du sie hingelegt?
MARIANNE Zerrissen.
JOHANNES Was? Warum? Die waren so schön.
MARIANNE Ja.
JOHANNES Jedenfalls, seit Marianne sich diese Arbeit gesucht hat, geht es wieder irgendwie bergauf. Was, Janne?
MARIANNE Irgendwie. Nur musst du vorher fast verreckt sein.
JOHANNES Aber es macht dir doch Spaß oder? Du hast etwas gefunden, für das du wieder –
MARIANNE Lass es, Johannes.
FRIEDER Die Via Pastini. Hübsch, ja? Ach Hannes, vielleicht könntest du mir bald einen Teil des Geldes – ich werde Martha doch einen Wagen kaufen müssen.
JOHANNES Aber ja, natürlich, einen Teil, auf alle Fälle, ja.
MARTHA Ich beneide Sie.
MARIANNE So.

MARTHA   Ja. Ich habe für nichts Zeit.
FRIEDER   Du würdest dich spätestens nach drei Wochen freier Zeit umbringen. Bis jetzt hast du doch nur überlebt, weil ich dich immer wieder beschäftigt habe. Auch in Rom bist du nur vor dir davongelaufen.
MARTHA   Vor dir, Frieder. Weil selbst unsere gemeinsamen Tage nur dir gehören. Dir dir dir. Und darum beneide ich sie. Der Tag gehört ihr.
MARIANNE   Ich habe am Strick gehangen, als mein Mann nach Hause kam. Mir gehört schon lange kein Tag mehr.
FRIEDER   Ich glaube, wir müssen jetzt gehen.
MARTHA   Kann ich noch ein Glas trinken. Ein letztes. Wie der mich schon wieder anstiert. Auf Sie, Marianne.

Die Tür wird aufgestoßen, Marco hat einen Helm auf und eine Pistole in der Hand.

MARCO   Hände hoch! Alle an die Wand! Das ist eine Zwangsräumung! – – Oh, Pardon, das wusst ich nicht.
JOHANNES   Ich hasse ihn. Ich hasse ihn.
MARIANNE   Bist du übergeschnappt.
MARCO   Hätt ich gewusst, dass ihr Besuch habt, hätte ich mir wenigstens die Haare gewaschen.
MARIANNE   Woher hast du die Pistole?
MARCO   Alles Spielzeug, Mama. War 'ne Wette.
MARIANNE   Eine was?
MARCO   Eine Wette, ein Spiel, 'n Joke.
JOHANNES   Was willst du?
MARCO   Frag ihn, ob er sich erinnert, dass ich hier wohne.
JOHANNES   Nein.
MARCO   Wäre ich auch ständig hier, würde niemand mehr Luft bekommen. Aber schön haben sie's, nicht wahr. Sieht fast reich aus. Aber nur fast. Und das ärgert ihn.
MARIANNE   Marco, es reicht.
JOHANNES   Verschwinde.
MARCO   Sag ihm, ich brauch Kohle.
JOHANNES   Würdest du jetzt auf der Stelle –
MARCO   Sag ihm, er soll die Stimme nicht so quetschen. Das rächt sich später. Und frag ihn, ob er nicht endlich bereit ist, die Prunkstücke seiner kostbaren Sammlung zu verkaufen, wenn er ansonsten keinen Pfennig für seinen Sohn aufbringen kann.
JOHANNES   Raus!
MARCO   Sehen Sie sich vor, wenn er so erregt ist, atmet er Ihnen das letzte bisschen Luft auch noch weg.
JOHANNES   Es ist unglaublich. Tut mir leid.

MARTHA Gott bewahre, dass uns das erspart blieb.
FRIEDER Das hat er ja wohl getan.
MARTHA Ich denke, das war eher dein Verdienst.
Aus Marcos Zimmer dröhnt laute Musik.
FRIEDER Und ich denke, wir gehen jetzt.
MARTHA Aber ja, Schatz. Nur noch den Abschiedsschluck.
FRIEDER Martha! Hoch jetzt. Entschuldigt. Und vielen Dank. Hannes, bis morgen.
MARTHA Tja, bis später.
MARIANNE Nun hat er seine schönen großen Fotos vergessen.
JOHANNES Woher weiß er das mit meiner Messersammlung?
MARIANNE Du hattest den ganzen Kasten stehen lassen. Jetzt können wir es uns bequem machen. Gib mir noch einen Schluck.
JOHANNES Ich halte diesen Lärm nicht mehr aus.
Marianne geht in Marcos Zimmer; Musik leiser.
JOHANNES Vater und Sohn. Dass ich nicht lache.
MARIANNE Und du? Bis heute hast du dich nicht einmal entschuldigt bei ihm.
JOHANNES Und er?
MARIANNE Außerdem bist du jetzt nur sauer, dass dein Frieder das Angebot bekommen hat.
JOHANNES Sei still.
MARIANNE Beinah hätte er ein Freund werden können. Beinah.
JOHANNES Halt den Mund.
MARIANNE Steiler Aufstieg. So, wie es sich gehört.
Er kneift sie in die Wange.
JOHANNES Ich warne dich, Marianne.
MARIANNE Du tust mir weh.
JOHANNES Einen Zweitwagen für Martha. Na wunderbar. Hast du Marco Geld gegeben? *Er holt sein Buch aus der Tasche.*
MARIANNE Er ist dein Sohn, Johannes.
JOHANNES Nein. Er ist ein faules Stück Langeweile. Für den mach ich mich nicht krumm. Wieviel?
MARIANNE Gut, dann lassen wir ihn verhungern. Basta.
JOHANNES Wieviel, Marianne?
MARIANNE Ich kann dieses Wort nicht mehr hören. Frag ihn selbst. Gute Nacht.
[...]   *(e. 1994; Erstdruck)*

Federico García Lorca *Bernarda Albas Haus*

| García Lorca hat diesem Stück den Untertitel »Frauentragödie in spanischen Dörfern« gegeben. Er erzählt die Geschichte der fünf Töchter der stolzen und herrischen Bernarda Alba, die sich nach dem Leben sehnen, nach Tanz, Ausgelassenheit und Liebe. Nur Angustias darf sich abends mit ihrem Verlobten Pepe el Romano durchs Fenstergitter unterhalten. Pepe ist der einzige Mann, den die Schwestern zu sehen bekommen. Eifersüchtig belauern sie sich, sie können der Schwester ihr Glück nicht gönnen, solange sie selbst unglücklich sind. Die Mutter regiert mit straffer Hand und den Regeln alter Sitten. Kein Platz für unbeschwerte Lebenslust. Phantasien und Wünsche wuchern unter dem Gefühl, eingesperrt zu sein.
Selbst das tragische Ende – Bernarda versucht, Pepe zu erschießen, nachdem offenbar wird, dass Adela ein Kind von ihm erwartet, Adela flüchtet in ihre Kammer und erhängt sich – bewirkt keinen Neuanfang. »Bernarda: […] Sie, Bernarda Albas jüngste Tochter, ist unberührt gestorben. Habt ihr mich verstanden? Schweigen, schweigen habe ich gesagt! Schweigen!« |

Personen
Bernarda   *60 Jahre*
Magdalena   *30 Jahre*
Martirio   *24 Jahre*
Adela   *20 Jahre*   *Bernardas Töchter*
Amelia   *27 Jahre*
Angustias   *39 Jahre*
La Poncia   *60 Jahre, Magd*

Zweiter Akt

[…]
Man hört von weitem Glöckchen wie durch mehrere Mauern hindurch.
Magdalena   Jetzt kommen die Männer von der Arbeit zurück.
La Poncia   Vor einer Minute hat es drei geschlagen.
Martirio   Bei der Glut!
Adela *setzt sich*   Ach, wer doch auch in die Felder könnte!
Magdalena *setzt sich*   Jeder Stand hat seine Arbeit!
Martirio *setzt sich*   So ist's.
Amelia *setzt sich*   Ach!
La Poncia   Keine größere Freude – als jetzt auf den Feldern. Gestern früh sind die Schnitter angekommen. Vierzig oder fünfzig stramme Burschen.
Magdalena   Woher sind sie dieses Jahr?

La Poncia Von weit her. Sie sind von den Bergen gekommen. Und lustig! Wie versengte Bäume! Schreiend und Steine werfend! Gestern Abend kam eine Frau im Flitterkleid ins Dorf. Sie tanzte zu einem Akkordeon und fünfzehn von ihnen machten mit ihr ab, sie ins Olivenwäldchen mitzunehmen. Ich sah sie von weitem. Der die Abmachung mit ihr traf, war ein Bursche mit grünen Augen und straff wie eine Weizengarbe.

Amelia Ist das wahr?

Adela Natürlich ist das möglich!

La Poncia Vor Jahren kam eine andre von diesen und ich selbst habe meinem ältesten Sohn Geld gegeben, damit er mit ihr gehe. Die Männer haben so was nötig.

Adela Ihnen sieht man alles nach.

Amelia Als Frau geboren werden, ist die größte Strafe.

Magdalena Nicht mal unsre Augen gehören uns.

Man hört in der Ferne eine Weise, die näher kommt.

La Poncia Das sind sie. Sie kommen mit prächtigen Liedern.

Amelia Sie gehen jetzt mähen.

Chor Nun ziehen hinaus die Schnitter
    und holen die reifen Ähren;
    sie nehmen, wo Augen blicken,
    Die Herzen sich mit der Mädchen.

Man hört Tamburine und »Carrañacas«. Pause. Alle lauschen in sonneerfüllter Stille.

Amelia Und die Hitze macht ihnen nichts aus!

Martirio Sie mähen mitten in Feuergarben.

Adela Ich möchte auch mähen, um herumziehen zu können. Dabei vergisst man, was einen grämt.

Martirio Was musst denn du vergessen?

Adela Jede weiß, was ihr fehlt.

Martirio *abgründig* Jede!

La Poncia Ruhe! Ruhe!

Chor *weit entfernt*
    Ihr Leut, die im Dorf ihr wohnet,
    die Fenster macht auf, die Türen;
    den Schnitter verlangt's nach Rosen,
    mit ihnen den Hut zu schmücken.

La Poncia Was für ein Lied!

Martirio *sehnsüchtig*
    Ihr Leut, die im Dorf ihr wohnet,
    die Fenster macht auf, die Türen; …

ADELA *leidenschaftlich*
   ... den Schnitter verlangt's nach Rosen,
   mit ihnen den Hut zu schmücken.
Der Chor entfernt sich.
LA PONCIA   Jetzt gehen sie um die Ecke.
ADELA   Wir wollen sie uns von meinem Zimmerfenster ansehen.
LA PONCIA   Passt auf, dass ihr es nur ganz wenig aufmacht, denn die sind imstande, es aufzustoßen, um nachzuschauen, wer da guckt.
Die drei ab. Martirio bleibt auf dem niedrigen Stuhl sitzen, den Kopf zwischen den Händen.
AMELIA *nähert sich*   Was fehlt dir?
MARTIRIO   Die Hitze macht mich krank.
AMELIA   Weiter nichts?
MARTIRIO   Ich wünsche, es wäre November, die Regentage kämen, der Reif, alles – nur nicht dieser endlose Sommer.
AMELIA   Der geht auch vorbei – und kommt dann wieder.
MARTIRIO   Natürlich! *Pause.* Wann bist du gestern Nacht eingeschlafen?
AMELIA   Weiß ich nicht. Ich schlafe wie ein Klotz. Warum?
MARTIRIO   Nur so – aber mir war, als ob ich Leute im Stall gehört hätte.
AMELIA   So?
MARTIRIO   Sehr spät.
AMELIA   Und hast du keine Angst gehabt?
MARTIRIO   Nein. Ich habe das schon in andren Nächten gehört.
AMELIA   Wir sollten aufpassen. Können das nicht die Knechte gewesen sein?
MARTIRIO   Die Knechte kommen um sechs.
AMELIA   Vielleicht eine Mauleselin, die noch nicht zugeritten ist?
MARTIRIO *murmelnd und voller Hintergedanken*   Das wird's sein. Eben das! Eine Mauleselin, die noch nicht zugeritten ist.
AMELIA   Man muss darauf aufmerksam machen!
MARTIRIO   Nein. Nein. Sag nichts, es kann auch eine bloße Vermutung von mir sein.
AMELIA   Vielleicht. *Pause. Schickt sich an zu gehen.*
MARTIRIO   Amelia.
AMELIA *an der Tür*   Was?
Pause.
MARTIRIO   Nichts.
Pause.
AMELIA   Warum hast du gerufen?
Pause.
MARTIRIO   Es ist mir entfallen. Ich habe es nicht mit Bewusstsein getan.

Pause.

AMELIA Leg dich ein bisschen.

ANGUSTIAS *kommt wütend herein, sodass ein großer Gegensatz zu der vorherigen Stille entsteht* Wo ist das Bild von Pepe, das ich unter meinem Kopfkissen hatte? Wer von euch hat es?

MARTIRIO Niemand.

AMELIA Nicht mal, wenn Pepe ein heiliger Bartholomäus aus Silber wäre.

ANGUSTIAS Wo ist das Bild?

La Poncia, Magdalena, Adela kommen.

ADELA Welches Bild?

ANGUSTIAS Eine von euch hat es mir versteckt.

MAGDALENA Du hast die Unverschämtheit, so was zu sagen?

ANGUSTIAS Es war in meinem Zimmer und ist jetzt nicht mehr da.

MARTIRIO Kann es nicht um Mitternacht in den Stall geschlichen sein? Pepe geht gern im Mondschein spazieren.

ANGUSTIAS Reiß keine Witze über mich! Wenn er kommt, sage ich es ihm.

LA PONCIA Nur nicht! Es wird sich schon wieder finden.

Sieht Adela an.

ANGUSTIAS Ich möchte wohl wissen, wer von euch es hat!

ADELA *Martirio ansehend* Irgendwer! Jede – außer mir!

MARTIRIO *tückisch* Selbstverständlich!

BERNARDA *kommt* Was für ein Lärm ist das in meinem Haus, in der Stille der drückenden Hitze! Die Nachbarinnen werden schon ihre Ohren an die Wände kleben.

ANGUSTIAS Sie haben mir das Bild meines Bräutigams weggenommen.

BERNARDA *wild* Wer? Wer?

ANGUSTIAS Die da!

BERNARDA Wer von euch? *Schweigen.* Antwort! *Schweigen. Zu La Poncia.* Durchsuch die Zimmer. Sieh in den Betten nach! *La Poncia ab.* Das kommt davon, dass ich euch nicht kürzer halte. Aber ihr sollt mich kennen lernen! *Zu Angustias.* Bist du sicher?

ANGUSTIAS Ja.

BERNARDA Hast du richtig gesucht?

ANGUSTIAS Ja, Mutter.

Alle stehen in verlegenem Schweigen.

BERNARDA Ihr gebt mir am Ende meines Lebens das bitterste Gift, das eine Mutter trinken kann. *Zu La Poncia, die hereinkommt.* Kannst du es nicht finden!

LA PONCIA Da!

BERNARDA Wo hast du es gefunden?
LA PONCIA Es war …
BERNARDA Sag's! Keine Furcht.
LA PONCIA *verwundert* Zwischen den Laken in Martirios Bett.
BERNARDA *zu Martirio* Ist das wahr?
MARTIRIO Das ist wahr!
BERNARDA *auf sie zu, schlägt sie* Abgestochen solltest du werden! Duckmäuserin! Drachensaat!
MARTIRIO *wild* Schlagen Sie mich nicht, Mutter!
BERNARDA Ganz nach Belieben!
MARTIRIO Wenn ich Sie lasse! Hören Sie? Zurück!
LA PONCIA Versündige dich nicht an deiner Mutter.
ANGUSTIAS *hält Bernarda* Lassen Sie sie. Bitte!
BERNARDA Du sollst dir die Augen aus dem Kopf weinen.
MARTIRIO Ich werde Ihnen nicht die Freude machen zu weinen.
BERNARDA Warum hast du das Bild genommen?
MARTIRIO Darf ich mir mit meiner Schwester nicht mal einen Spaß erlauben? Zu was hätte ich es wohl haben wollen?
ADELA *voll Eifersucht plötzlich einfallend* Das war kein Spaß, denn du hast nie an Spielen Gefallen gefunden. Dir ist was ganz andres in der Brust geplatzt, was herauswollte. Sag's doch offen.
MARTIRIO Schweig! – und bring mich nicht zum Sprechen, denn wenn ich spreche, rücken die Wände zusammen vor Scham!
ADELA Die Lästerzunge erfindet ohne Ende!
BERNARDA Adela!
MAGDALENA Ihr seid toll.
AMELIA Und steinigt uns mit schlechten Gedanken.
MARTIRIO Andre tun noch Schlimmeres.
ADELA Sie ziehen sich sogar plötzlich nackt aus und der Fluss trägt sie hinweg.
BERNARDA Verderbte!
ANGUSTIAS Ich habe keine Schuld, dass Pepe el Romano es auf mich abgesehen hat.
ADELA Deines Geldes wegen!
ANGUSTIAS Mutter!
BERNARDA Ruhe!
MARTIRIO Wegen deiner Felder und Obstbäume.
MAGDALENA So ist es, genau so!
BERNARDA Ruhe, sage ich! Ich habe das Gewitter kommen sehen, aber nicht geglaubt, dass es so schnell ausbräche. Ach, was für einen Hagel von Hass habt ihr auf mein Herz niederprasseln lassen! Aber noch bin

ich keine Greisin und habe fünf Ketten für euch und dieses Haus, das mein Vater gebaut hat, damit nicht ein Grashalm von meiner Trostlosigkeit erfahre. Raus! *Ab. Bernarda setzt sich betrübt. La Poncia steht an eine Wand gelehnt. Bernarda reagiert, stampft auf. Ich muss sie die Hand spüren lassen.* Bernarda, denk daran, dass das deine Pflicht ist!

[...]

(La casa de Bernarda Alba, e. 1936, U. 1945 Buenes Aires; Übertr. Enrique Beck)

Nikolaj Erdman *Der Selbstmörder. Komödie*

PERSONEN
Semën Semënovič Podsekalnikov *Arbeitsloser, der Selbstmörder*
Marja Lukjanovna Podsekalnikova *seine Frau*
später
Serafima Iljinična *seine Schwiegermutter*
Aleksandr Petrovič Kalabuškin *ihr Nachbar in einer Gemeinschaftswohnung, seit kurzem Witwer, Besitzer einer Schießbude, Organisator*
Margarita Ivanovna Peresvetova *seine Geliebte*

Zimmer in der Wohnung Semën Semënovičs. Nacht.

ERSTER AKT, ERSTER AUFTRITT

In ihrem Doppelbett schlafen die Eheleute Podsekalnikov – Semën Semënovič und Marja Lukjanovna.

SEMËN   Maša, he, Maša! Maša, schläfst du, Maša?
MARJA *schreit*   A-a-ah? ...
SEMËN   Was ist denn, was ist denn, ich bins.
MARJA   Was ist, Semën?
SEMËN   Maša, ich wollte dich fragen ... Maša, Maša ... Schläfst du schon wieder, Maša!
MARJA *schreit*   A-a-ah?
Semën   Was ist denn, was ist denn, ich bins.
MARJA   Bist du es, Semën?
SEMËN   Ja doch, ich bins?
MARJA   Was willst du, Semën?
SEMËN   Maša, ich wollte dich fragen ...
MARJA   Ja ... Ja, was denn, Semën ... Šenja ...

SEMËN Maša, ich wollte dich fragen … Ob vom Essen noch ein Ende Leberwurst übrig ist?
MARJA Was?
SEMËN Ob vom Essen noch ein Ende Leberwurst übrig ist.
MARJA Also weißt du, Semën, alles hätte ich von dir erwartet, aber dass du mitten in der Nacht deiner todmüden Frau mit Leberwurst ankommst – das hätte ich nie erwartet. So eine Instinktlosigkeit, eine Instinktlosigkeit. Den ganzen Tag arbeite ich wie ein Pferd, wie eine Ameise, und statt dass du mich nachts nur einen Augenblick in Ruhe lässt – machst du mich auch noch im Bett nervös! Weißt du, Semën, mit dieser Leberwurst hast du in mir so viel abgetötet, so viel abgetötet … Šenja, verstehst du das nicht: wenn du selber nicht schlafen kannst, lass wenigstens die anderen schlafen … Šenja, ich rede mit dir! Semën, bist du etwa eingeschlafen, Semën!
SEMËN A-a-ah …
MARJA Was ist denn, was ist denn, ich bins!
SEMËN Bist du es, Maša?
MARJA Ja, doch, ich bins.
SEMËN Was willst du, Maša?
MARJA Ich sage, wenn du selber nicht schlafen kannst, lass wenigstens die anderen schlafen.
SEMËN Halt, Maša …
MARJA Nein, jetzt rede ich! Warum hast du dich nicht bei Tisch satt gegessen, wie es sich gehört? Mama und ich kochen dir jeden Tag deine Leib- und Magengerichte, Mama und ich legen dir mehr als allen anderen auf den Teller.
SEMËN Und warum legen Sie und Ihre Frau Mama mir i m m e r mehr als allen anderen auf den Teller? Das tun Sie doch nicht einfach so, sondern aus Psychologie, um vor aller Augen zu demonstrieren: seht her, unser Semën Semënovič arbeitet nicht, aber wir legen ihm mehr als allen anderen auf den Teller! Ich weiß, warum ihr das tut – um mich zu demütigen …
MARJA Halt, Šenja.
SEMËN Nein, jetzt rede ich! Und wenn ich mit dir auf der ehelichen Bettstatt – ohne Zeugen, tête-à-tête, unter einer Decke – die ganze Nacht hungere, dann ist dir auf einmal für mich die Wurst zu schade.
MARJA Mir für dich zu schade? Aber Liebling, iss doch, bitte. Ich hole sie dir sofort. *Sie steigt aus dem Bett. Zündet eine Kerze an. Geht barfuß, die Kerze in der Hand, zur Tür.* O Gott, was geht hier vor! Es ist schon traurig, so zu leben.

(Samoubijca, 1930; Übertr. Peter Urban, 1990)

Athol Fugard/John Kani/Winston Ntshona *Die Insel*

| John und Winston sind politische Gefangene. Sie werden gedemütigt, physisch und psychisch bis zur Unerträglichkeit gequält. Sind sie in ihrer Zelle, studieren sie das antike Stück *Antigone* ein; sie wollen es an einem Gemeinschaftsabend mit dem Aufsichtspersonal aufführen. Gezeigt wird das Ringen der beiden Gefangenen in der Auseinandersetzung mit ihrer Situation und dem Sinn oder Unsinn, in dieser extremen Lage Theater zu spielen. |

Erste Szene

In der Mitte eine erhöhte Plattform, die eine Zelle auf Robben Island darstellt. Decken und Schlafmatten – die Gefangenen schlafen auf dem Fußboden – sind ordentlich gefaltet. In einer Ecke stehen ein Wassereimer und zwei Blechbecher.

Das langgezogene Heulen einer Sirene. Die Bühnenscheinwerfer gehen an und erleuchten einen Graben von hartem, weißem Licht rund um die Zelle. In dem Graben stellen die beiden Gefangenen – John rechts und Winston links – pantomimisch das Graben von Sand dar. Sie tragen Gefängniskleidung, die aus einem khakifarbenen Hemd und kurzen Hosen besteht. Ihre Köpfe sind rasiert. Es ist ein Bild knochenbrecherischer und grotesk sinnloser Arbeit. Jeder füllt abwechselnd eine Schubkarre und schiebt sie dann mit großer Anstrengung zu der Stelle, wo der andere gräbt, und entleert sie dort. Folglich werden die Sandhaufen nie kleiner. Ihre Arbeit ist unendlich. Die einzigen Laute sind ihr Ächzen, während sie graben, das Quietschen der Schubkarren, während sie die Zelle umkreisen, und das Summen von Hodoshe, der grünen Aasfliege. Eine Pfeife ertönt. Sie hören auf zu graben und kommen aufeinander zu, bis sie Seite an Seite stehen und mit Hand- und Beinschellen aneinander gefesselt werden. Es pfeift wieder. Sie setzen sich in schnellen Trab ... John murmelt ein Gebet, Winston brummt einen Rhythmus für ihren dreibeinigen Lauf.

Sie laufen nicht schnell genug. Sie werden geschlagen ... Winston erhält einen schlimmen Schlag aufs Auge, und John verstaucht sich den Knöchel. In diesem Zustand erreichen sie schließlich die Tür ihrer Zelle. Hand- und Beinschellen werden abgenommen. Nachdem sie durchsucht worden sind, schlurfen sie in ihre Zelle. Die Tür schließt sich hinter ihnen. Beide Männer sinken zu Boden.

Ein Augenblick vollkommener Erschöpfung, bis sie langsam, schmerzerfüllt, ihre Verletzungen zu untersuchen beginnen – Winston sein Auge und John seinen Knöchel. Winston stöhnt leise, und das lenkt schließlich

Johns Aufmerksamkeit von seinem Knöchel ab. Er kriecht zu Winston und untersucht das verletzte Auge. Es muss versorgt werden. Winstons Stöhnen wird langsam zu einem Laut unartikulierter Wut, der an Lautstärke und Heftigkeit zunimmt. John pisst in eine Hand und versucht, das Auge des anderen damit zu säubern, aber Winstons Zorn und Wut sind jetzt nicht mehr kontrollierbar. Er reißt sich von John los und kriecht um die Zelle, blind vor Raserei und Schmerz. John versucht, ihn zu beruhigen – der Lärm könnte die Aufseher wieder herbringen und noch mehr Ärger. Winston findet schließlich die Tür der Zelle, aber bevor er daran hämmern kann, zieht ihn John weg.

[...]

JOHN *macht sich zum Waschen bereit und beginnt, sein Hemd auszuziehen. Winston holt eine Zigarettenkippe, Streichhölzer und Feuerstein aus ihrem Versteck unter dem Wassereimer. Er lässt sich zum Rauchen nieder.* Schitt, heute war lang. He, Winston, nimm mal an, die Uhr von dem Kerl hinter der Sirene geht nach. Wir könnten jetzt noch dort sein. *Er holt drei oder vier rostige Nägel aus einer Geheimtasche in seiner Hose. Er hält sie Winston hin.* He, hier.
WINSTON Was?
JOHN Zu den andern.
WINSTON *nimmt die Nägel* Was ist das?
JOHN Halskette, Mann. Zu den andern.
WINSTON Halskette?
JOHN Antigones Halskette.
WINSTON Ach, Schitt, Mann! *Knallt die Nägel auf den Fußboden und raucht weiter.* Antigone! Leck mich am Arsch, Mann, John.
JOHN He, fang keinen Quatsch an jetzt. Du hast es versprochen. *Humpelt hinüber zu Winstons Bettrolle und holt eine halbfertige Halskette aus Nägeln und Strick hervor.* Fast fertig. Hier. Drei Finger, ein Nagel … drei Finger, ein Nagel … *Legt die Kette neben Winston, der den Kopf schüttelt, herausfordernd raucht und vor sich hin murmelt.* Fang keinen Quatsch an jetzt, Winston. Es sind noch sechs Tage bis zur Vorstellung. Wir haben uns verpflichtet. Wir haben den Jungs versprochen, wir machen was. Die Antigone ist genau das Richtige für uns. Noch sechs Tage und wir schaffen's. *Er wäscht sich weiter.*
WINSTON Jesus, John! Wir waren unten am Strand heut. Hodoshe hat uns rennen lassen. Kannst du einen Mann nicht …
JOHN Verdammt noch mal, Mann! Wer, denkst du, ist neben dir hergerannt? Ich bin auch müde, aber wir können jetzt nicht kneifen. Na los. Drei Finger …

WINSTON ... ein Nagel! *Schüttelt den Kopf.* Haai ... haai ... haai!
JOHN Hör auf zu stöhnen und mach weiter. Schitt, Winston! So was nennst du Fortschritt. *Hört auf, sich zu waschen.* Hör zu. Hör zu! Nummer zweiundvierzig übt den Zulukriegstanz ein. Da unten die probieren ihre Lieder. Bloß in dieser Zelle ist immer ein Streit. Heut willst du's machen, morgen willst du's nicht machen. Woher, verdammt, soll ich wissen, was ich den Jungs berichten soll morgen, wenn wir wieder in den Steinbruch kommen? *Winston ist unnachgiebig. John lenkt ein und wirft ihm schließlich den Waschlappen zu.* Hier! Wasch dich. *John wendet sich der Kette zu, während Winston, der immer noch kaum hörbar vor sich hin murmelt, anfängt sich zu waschen.*
Wie kann ich mich verlassen auf was, wenn du so weitermachst? Wir müssen den Text noch lernen, die Bewegungen. Schitt. Das könnte so verdammt gut sein, Mann. *Winston murmelt Protest während Johns Rede. Dieser hält die Kette hoch.* Fast fertig. Sieh dir das an. Drei Finger ...
WINSTON ... ein Nagel.
JOHN Ja! Einfach. Weißt du noch alles, was ich dir gesagt hab gestern? Wetten, du hast alles vergessen. Wie soll ich so weitermachen? Ich komm nicht vorwärts, Mann. Wieder von vorn die ganze Scheiße. Wer Antigone ist ... wer Kreon ist ...
WINSTON Antigone ist die Mutter von Polyneikes ...
JOHN Haai, haai, haai ... Schitt, Winston. *Jetzt wirklich verzweifelt.* Wie oft muss ich dir sagen, Antigone ist die Schwester von den zwei Brüdern. Nicht die Mutter. Das ist ein anderes Stück.
WINSTON Oh.
JOHN Das ist alles, was du weißt. ›Oh.‹ *Er legt die Kette beiseite und fingert ein Stück Kreide aus einer Ritze im Fußboden.* Komm her. Das ist das letzte Mal. Bei Gott. Das letzte Mal.
WINSTON Ah nein, John.
JOHN Komm. Ich mal die Handlung zum letzten Mal auf. Wenn du es heut Abend nicht lernst, dann zeig ich dich morgen an bei den alten Männern. Und vergiss nicht, Bruder, die alten Männer machen, dass dir Hodoshe mit seinen Tricks wie ein kleiner Junge vorkommt.
WINSTON Jesus Christus. Lern für Hodoshe graben, lern für Hodoshe rennen, und was ist, wenn ich in die Zelle zurückkomm? Lern Antigone lesen.
JOHN Komm. Und halt's Maul. *Er zieht den widerstrebenden Winston zu sich auf den Fußboden. Winston fährt fort, sich mit dem Waschlappen zu waschen, während John die ›Handlung‹ von Antigone skizziert.* Wenn du einmal aufhören würdest zu stöhnen, würdst du schneller lernen. Jetzt hör zu.

WINSTON Okay, fang an.

JOHN Hör zu. Es ist das Verhör der Antigone. Richtig?

WINSTON Du sagst es.

JOHN Zuerst die Angeklagte. Wer ist die Angeklagte?

WINSTON Antigone.

JOHN Aus deinem Mund ist das ein Riesenfortschritt.
Schreibt weiter mit Kreide auf dem Boden.
Jetzt der Staat. Wer ist der Staat?

WINSTON Kreon.

JOHN König Kreon. Kreon ist der Staat. So ... Was hat Antigone getan?

WINSTON Antigone hat ihren Bruder Eteokles begraben.

JOHN Nein, nein, nein! Schitt, Winston, wann wirst du dir die Sache merken? Ich hab dir gesagt, Mann, Antigone bestattete Polyneikes. Den Verräter. Der, wo ich sagte, dass er auf u n s r e r Seite ist. Richtig?

WINSTON Richtig.

JOHN Teil eins des Verhörs. *Schreibt auf den Fußboden.* Der Staat erhebt Anklage gegen die Beschuldigte ... und bringt die Anklagepunkte vor ... du weißt, wie das geht. Teil zwei ist die Verteidigung. Wozu bekennt sich Antigone? Schuldig oder nicht schuldig?

WINSTON Nicht schuldig.

JOHN *bemüht, behutsam zu sein* Komm, Winston, wir wollen nicht streiten. Unter uns, wir in dieser Zelle, wir wissen, dass sie nicht schuldig ist. Aber im Stück bekennt sie: Schuldig.

WINSTON Nein, Mann, John! Antigone ist nicht schuldig ...

JOHN Im Stück ...

WINSTON *verliert die Geduld* Scheiß auf das Stück. Antigone hatte vollkommen recht, ihren Bruder zu begraben.

JOHN Sag nicht ›Scheiß auf das Stück‹. Wir müssen das Ding machen. Und im Stück bekennt sie: Schuldig. Begreif das. Antigone bekennt ...

WINSTON *gibt voller Widerwillen auf* Okay, wie du willst.

JOHN Es geht nicht darum, wie ich will. Im Stück ...

WINSTON Schuldig.

JOHN Ja. Schuldig. *Schreibt wütend auf den Fußboden.*

WINSTON Schuldig.

JOHN Teil drei, Plädoyer zur Milderung des Urteils. Teil vier, Urteil, Schlusswort des Staates. Und was von dir? ... Abschiedsworte. Jetzt lern das.

WINSTON He?

JOHN *steht auf* Lern das.

WINSTON Aber das haben wir ja grad gemacht.

JOHN I c h hab's grad gemacht. Und du lern's jetzt.

WINSTON *wirft voll Widerwillen den Waschlappen weg, bevor er sich daranmacht, die ›Handlung‹ zu lernen* Lern rennen, lern lesen ...
JOHN Und schmeiß nicht den Lappen hin. Holt den Lappen und legt ihn an seine richtige Stelle. Sei nicht so verdammt schwierig, Mann. Wir haben's bald. Du wirst stolz sein darauf, wenn wir fertig sind. *Humpelt zu seiner Bettrolle und holt einen aus einem Blechbüchsendeckel und einer Schnur gemachten Anhänger daraus hervor.* Hier. Winston, hier. Kreons Medaille. Gut. *Hängt sie sich um den Hals.* Ich mach die Kette fertig, während du das lernst. *Er fädelt die restlichen Nägel auf.* Jesus, Winston. Juni 1965.
WINSTON Was?
JOHN Dieser Mann. Antigone. In New Brighton. St. Stephens Hall. Das Haus war voll, Mann. Die ganzen großen Tiere. Erste Reihe ... Würdenträger. Schitt, das waren Zeiten. Georgie war Kreon. Kennst du Georgie?
WINSTON Der Lehrer?
JOHN Genau. Er spielte Kreon. Hättest du sehen sollen, Winston. Klein und dick, mit großen Augen, aber am Schluss des Stücks überragte er alles ... *Auf die Beine in einer Nachahmung von Georgies Kreon.* »Mitbürger, nun, da die Götter unsre Stadt nach Unruhstürmen neu beschwichtigt haben ...«
Und der alte Mulligan. Noch so ein fettarschiger Lehrer. Mit Bart. Er ging immer auf die Königin zu ... *Nachahmung.* »Herrin, ich bringe traurige Botschaft, doch weint nicht ...«
Die Kette in den Händen. Fast fertig.
Nomhle spielte Antigone. Ein Vieh von einer Dame, aber ein herrliches Weib. Die geht mir heut Abend nicht aus dem Kopf.
WINSTON *zeigt auf die ›Handlung‹* Ich kann's.
JOHN Bestimmt?
WINSTON Das ... ist hier. *Tippt sich an die Stirn.*
JOHN Du verarschst mich nicht, he? *Er wischt die ›Handlung‹ weg und schreitet die Zelle auf und ab.* Gut. Das Verhör der Antigone. Wer ist die Angeklagte?
WINSTON Antigone.
JOHN Wer ist der Staat?
WINSTON König Kreon.
JOHN Teil eins.
WINSTON *mit größtem Selbstvertrauen* Antigone erhebt Anklage ...
JOHN Nein, Scheiße, Mann, Winston!!!
Winston zieht John nach unten und erstickt seinen Protest, indem er ihm die Hand auf den Mund legt.

Winston Okay ... okay ... hör zu, John ... hör zu ... Der Staat erhebt Anklage gegen Antigone.
Pause.
John Pass auf!
Winston Der Staat erhebt Anklage gegen Antigone.
John Teil zwei.
Winston Verteidigung.
John Wozu bekennt sie sich? Schuldig oder nicht schuldig?
Winston Schuldig.
John Teil drei.
Winston Plädoyer zur Milderung des Urteils.
John Teil vier.
Winston Schlusswort des Staates, Urteil und Abschiedsworte.
John *sehr aufgeregt* Er hat's. Das ist mein Mann. Siehst du, wie leicht das ist, Winston? Morgen nur die Worte.
(The Island, U. 1973 Kapstadt; Übertr. Eva Walch, 1980)

Anthony Burgess Clockwork Orange 2004

| Der fünfzehnjährige Alex und seine ›Droogs‹ überfallen Abend für Abend wehrlose Menschen; sie prügeln, vergewaltigen, rauben. Eine Orgie von Gewalt, die schwer zu ertragen ist. Alex, Dim, George und Pete begleiten ihre Scheußlichkeiten mit markigen, coolen Sprüchen: »Russische und englische Brocken vermischt zu einer internationalen Teenagersprache. Man nennt es ›Nadsat‹. Das ist Russisch für Teenager.«
Die ›Droogs‹ verraten Alex, der seinen Führungsanspruch in der Gruppe zunehmend überheblicher durchsetzt, schließlich nach einem Überfall auf eine alte Frau. Er wird gefasst und wegen Mordes verurteilt. Im Gefängnis erklärt er seine Bereitschaft, sich einer neuartigen Heilmethode zu unterziehen. Die Wissenschaftler zeigen ihm Filme, in denen furchtbare Grausamkeiten zu sehen sind, und spielen dazu die Lieblingsmusik von Alex: die IX. Sinfonie von Ludwig van Beethoven. Mit der Aggressivität ist ihm dadurch aber auch die Musik genommen worden; erst jetzt wird er zu einer aufgezogenen Orange, einem Automaten ohne Seelenleben. |

Erster Teil

Winterabend in einer Großstadt in einer unabsehbaren nahen Zukunft. Das blinkende Neonlicht der Korova Milch Bar, mit dem Wort MOLOKO, scheint auf eine Stadt im Osten hinzudeuten, denn die Schrift ist kyrillisch. Aber vielleicht ist das nur ein Gag des Schildermalers.

Alex, George, Pete und Dim. Und noch andere.
Unter der Erzählung rhythmische, kräftige Musikuntermalung.

ALEX Da war ich, dass heißt Alex, und meine drei Droogs, also Pete, George und Dim, der so hieß, weil er wirklich ziemlich dimmlich war, alle aufgemotzt nach der letzten Mode, und wir saßen in der Korova Milchbar und zerbrachen unsere Gullivers, was anfangen mit diesem Abend, einem arschkalten Winterbastard, aber trocken.
Die Korova Milch Bar war ein Mesto, wo sie Milch-Plus ausschenkten, und ihr, o meine Brüder, mögt vergessen haben, wie diese Mestos damals war'n, wo sich die Dinge so skorri schnell verändern heute und die Leute auch kaum noch Zeitung lesen können.
Naja, was sie da ausschenkten war eben Moloko, Milch – plus 'nem Schuss von noch was drinnen, wogegen es so schnell noch kein Gesetz gab, systemesc oder dreamcom, wovon du fünfzehn horrorshow Minuten den großen Bog im Himmel und alle Engel und Heiligen in deinem linken Schuh bewundern, während dir dein Gulliver flashflash explodierte.
Oder du pitschst dir die alte Moloko mit Messern drin, wie meinereiner zu sagen pflegte, das machte dich scharf und aufgelegt für 'ne Runde Zwanzig-gegen-Einen und das alte Rein-Raus-Rein-Raus-Spiel.
DIE DROOGS Was soll'nn jez werden, ey?
ALEX Out out out out!
GEORGE Out wohin?
ALEX Oh, nur bisschen spazieren und viddy-viddy, was sich ergibt, o meine kleinen Brüder.
Der Tag war ganz anders als die Nacht. Der Tag gehörte den Starris, den Alten – Aber die Nacht gehörte mir, meinen Droogs und den anderen Nadsats – die Nacht gehörte uns.

An dieser Stelle könnte, wenn für den Übergang nötig, der NADSAT-Song gesungen werden.

Auf der Straße. Die Lichter der Bar verschwinden. Ein lehrerhafter älterer Mann kommt aus der Bücherei, mit Regenschirm und Büchern.
ALEX Ein malenki-kleiner Jokus, um den Abend einzuleiten. *Sehr höflich.* Verzeiht, o Bruder.
TEACHER JACK *ängstlich, aber laut, um es nicht zu zeigen* Ja? was ist?

ALEX Ich sehe, Ihr habet Bücher unterm Arm, o Bruder. Ein wahrlich selt'nes Vergnügen heutzutage, wen zu sehen, der noch liest, Bruder.
JACK So? Ja, wirklich.
ALEX Und es würde mich im höchsten Grade interessieren, Bruder, wenn du erlaubst, nachzusehen, was das für Bücher sind, unter deinem Arm. Nichts liebe ich mehr auf dieser Welt als ein gutes, anständiges Buch.
JACK Anständig? Anständig, wie?
Pete schnappt sich die Bücher und wirft sie den anderen zu – es sind nur drei – Dim kriegt keins.
ALEX Elementare Kristallografie. Ausgezeichnet, ganz erstklassig. Doch hah! Was ist das hier? Was für ein unflätiges Slovo? Ich erröte beim Anblick dieses Worts. Du enttäuschst mich, Bruder, du enttäuschst mich wirklich.
JACK Aber, aber –
GEORGE Also das nenn ich wirklich dreckig. Da ist ein Slovo, der fängt mit SCH an und einer mit F. Das Wunder der SCHneeFlocke …
DIM *über seine Schulter* Da steht ja alles, waser mit ihr gemacht hat, mit Bildern und so. Mensch, du bist vielleicht ein dreckiger alter Wixer.
ALEX »Das rhomboedrische System«. Ein Mann in deinem Alter, Bruder. *Sie spielen Tauziehen und Fangen mit den Büchern.*
JACK Aber sie gehören mir nicht. Sie sind Eigentum der Öffentlichen Bibliothek. Das ist reine Zerstörungslust. Vandalismus!
ALEX Du hast eine Lektion verdient, Bruder! *Zerreißt ein Buch.*
PETE Da hast du. *Stopft ihm die Papierschnitzel in den Mund.* Du grindiger Leser von Schmutz und Schund.
Sie toltschoken den alten Mann, trampeln auf seiner Brille herum, ziehen ihm seine Hosen aus. Dim kriegt sich nicht mehr ein vor Lachen, hüpft mit dem Regenschirm herum.
DIM Ho ho ho!
JACK Oh, oh oh …
ALEX Du schmutziger alter Veck, du! *Jack verkriecht sich, während sie seine Sachen nach Geld durchsuchen.*
ALEX Lasst ihn fahren dahin, o meine Brüder. Unsere Taschen waren voll Zaster, und unter diesem Gesichtspunkt war's wirklich nicht nötig, irgendeinen alten Veck in einer Seitenstraße zu toltschoken und zuzuvidden, wie er in seinem roten roten Balut schwimmt, während wir die Einnahmen durch vier teilten. Aber wie man ja so sagt – Geld ist nicht alles …
Ein Betrunkener kommt herangeschwankt.
BETRUNKENER *singt* And I will go back to my darling
    when you, my darling, are gone …

Alex Viddiet ihr das, meine Brüder? Das mag ich nicht. Das halt ich nicht aus, so ein dreckiges rülpsendes Faultier, egal, wie alt es ist.
Dim schlägt ihm die Zähne ein.
Betrunkener Na los, schlagt mich tot, ihr feigen Bastarde, ich will sowieso nicht mehr leben, in so einer stinkigen Welt!
Alex Oh. Und was ist an dieser Welt so stinkig?
Betrunkener Sie ist stinkig, weil sie die Jungen auf den Alten rumtrampeln lässt, wie ihr es jetzt mit mir macht, und weil es keinen Anstand und keine Ordnung mehr gibt. Und ich habe kein bisschen Angst vor euch, meine Jüngelchen, denn ich bin viel zu besoffen, um die Schmerzen zu fühlen, wenn ihr mich verprügelt, und wenn ihr mich totschlagt, tut ihr mir bloß einen Gefallen. Also macht, was ihr wollt, ihr feigen kleinen Scheißer – Prrrzpprrrzt! *Er beginnt wieder zu singen.*
Oh Vaterland, ich focht für dich
in diesem großen Krieg,
standhaft in Not und Tod blieb ich
und brachte dir den Sieg.
Alex Also scheuerten wir ihm noch ein paar Ordentliche und grinsten uns eins. Aber er hörte einfach nicht auf zu singen. Also traten wir ihm jeder einmal in den Bauch und gingen unseres Weges. Die Messerchen in der guten alten Moloko picksten noch immer ganz nett und richtig horrorshow.
Sie stoßen auf den fetten Billyboy und seine fünf Droogs, die gerade etwas Ultra-Brutales mit einem sehr jungen Girl machen wollten. Beide Seiten beobachten einander, sehr still.
Alex Rightirightiright! Wenn das nicht die fette Stinkziege Billyboy höchstpersönlich ist! Hol dir einen in die Eier, wenn du welche hast, du Schwabbeleunuch!
Die Messer und Fahrradketten werden gezogen, der Fight beginnt. Das Girl verzieht sich, immer noch schreiend. Dim geht am härtesten, aber auch am stillosesten ran. Alex tanzt mit seinem Messer herum, setzt dann einen Hieb. Blut rinnt über Billyboys Gesicht, Leo, Billys Stellvertreter, der Dims' Fahrradkette in die Augen bekommen hat, heult und krümmt sich wie ein Tier. Polizeisirenen. Die Droogs verduften.
[...]
Die Korova Milchbar. In einer Ecke eine kleine Gruppe von Medienmenschen aus einem nahen TV-Studio. Irgendwo auch P. R. Deltoid, außerdem ein einsamer Junkie, vor sich hinbrabbelnd.
Alex Fix und Foxi latschten wir also wieder in die Korova Milchbar zurück, machten ein malenki bisschen gähngähngähn und zeigten Mond und Sterne und Lampenschein unsere Backenzahnplomben, denn

schließlich waren wir Maltschiks ja noch am Wachsen und mussten tagsüber brav in die Schule gehn.
Dim stolziert herum, klickt mit den Fingern. Alex haut dem Junkie eine rein, doch der brabbelt einfach weiter.
ALEX Drüben. Auf Umlaufbahn. Weit weg. Sehr angenehm, aber total feige. Du wirst doch nicht auf die Welt gesetzt, um mit Gott in Berührung zu kommen.
Als die Musik abbricht, kann man eines der Mädchen aus der Gruppe der Fernsehleute plötzlich singen hören: das Thema aus der 9. Symphonie, vierter Satz. Alex ist begeistert.
DAS MÄDCHEN Freude, schöner Götterfunken,
 Tochter aus Elysium,
 wir betreten, feuertrunken,
 Himmlische, dein Heiligtum.
 Deine Zauber binden wieder,
 was die Mode streng geteilt,
 alle Menschen werden Brüder,
 wo dein sanfter Flügel weilt.
Dim macht wieder eine seiner Schweinereien: einen Furzlaut, einen Heuler, zwei obszöne Gesten, ein Schweinegrunzen.
ALEX Du Bastard. Du dreckiger, sabbelnder, manierenloser Bastard.
Lehnt sich hinüber und knallt Dim die Faust ins Gesicht.
DIM Wofür hasten das gemacht?
ALEX Weil Er ein Bastard ohne Manieren ist und nicht den Furz einer Ahnung hat, wie Er sich in der Öffentlichkeit zu benehmen hat, o mein Bruder.
DIM Ich find nicht, du sollst das, was du da gemacht hast. Und dein Bruder bin ich nicht mehr und will ich auch nicht sein.
GEORGE *scharf* Wenn dir das nicht gefällt, weißt du, was du tun musst, kleiner Bruder.
DIM Schon gut, Georgie, lass uns jez nix anfangen.
ALEX Liegt sonnenklar an Dim. Dim kann nicht sein Leben lang so tun, als wär er ein Baby.
DIM Was hatten er für ein Recht, dass er denkt, er kann hier rumbefehln und mich toltschoken, wenn's ihm passt? Arsch, sag ich und ich hau ihm die Kette in die Glotzies.
ALEX Gib Er acht! Gib Er acht, o Dim, wenn des Lebens fortan sich zu erfreuen Er sich wünscht.
DIM Einen Scheiß. Einen dicken bolschigen Scheiß auf dich. Du hattest kein Recht dazu. Wir könnens jederzeit mit Kette, Nozh oder Britva ausmachen, denn ich lass mich nicht grundlos von dir toltschoken.

ALEX Eine Dratzerei kannst du sofort haben. Brauchst nur zu sagen.

PETE Macht keinen Scheiß, ihr zwei. Wir sind Droogs oder? Unter Droogs solls das nicht geben. Wir lassen uns nicht hängen.

ALEX Dim muss lernen, wo sein Platz ist, oder?

GEORGE Moement. Was heißt das mit Platz und so? Bist du Alexander der Bolschi?

PETE Um ehrlich zu sein, Alex, du hättst dem alten Dim nicht diesen grundlosen Toltschock verpassen sollen. Hat er nicht verdient. Mit allem Respekt, hättst du's mir verpasst, dann müssten wir's miteinander ausmachen. Mehr sag ich nicht. *Trinkt wieder seine Milch.*

ALEX Führer muss es geben. Disziplin muss sein. Korrekt? Pete? George? *Keine Reaktion.* Ich bin schon lang am Ruder. Wir sind alle Droogs, aber einer muss anschaffen, right? Rightiright?

GEORGE, PETE Rightiright.

ALEX Das musst du verstehen, Dim. War wegen der Musik. Ich werde ganz bezumnie, wenn irgendein Vetsch dabei stört, wie eine Ptitsa singt. Wie vorhin.

DIM Am besten, wir gehen heimwärts und machen schnarchschnarch. Eine lange Nacht für Maltschicks, die noch wachsen. Right?

GEORGE, PETE Rightiright.

ALEX Same time, same place, tomorrow?

GEORGE Lässt sich einrichten.

[...]   *(e. 1962; U. 1988 Bonn, Übertr. Bruno Max)*

Droogs (russ. друг [drug]) – Freund; *Mesto* (russ. место) – Platz, Stelle, Ort; *skorri* (russ. скóрый [skoryj]) – schnell, hurtig; *Bog* (russ. Бог) – Gott; *pitscht* (russ. пить) – trinken; *viddy-viddy* – wahrscheinl. von russ. видеть [videtj] – sehen, gucken; *Slovo* (russ. слóво) – Wort; *toltschoken* (russ. толчóк [toltschok], толчь) – Stoß; stoßen, raufen; *zuzuvidden; viddiet* – ↗ viddy-viddy; *Maltschiks* (russ. мáльчик) – Jungens; *bolschigen* (russ. бóльше [bolsche]) – groß; *Nozh* (russ. нож) – Messer; *Britva* (russ. бритва) – Rasiermesser; *Dratzerei* (russ. дрáться [dratjcja]) – sich schlagen, zerreißen, prügeln; *bezumnie* (russ. безýмный) – verrückt, geistesgestört; *Ptitsa* (russ. птица) – Vogel

Hansjörg Schneider *Der Irrläufer*

| Eines Abends klopft an die Tür der fünfzigjährigen Margreth Birchmeier ein Fremder und bittet um Unterschlupf. Die Feuerwehr des Dorfes Zügglingen ist mit Gewehren und Hunden auf der Suche nach ihm, denn Fremde werden nicht geduldet im Dorf. In diesem Mann erkennt Margreth Simon Pfeifer, der sie in Liebe vor langer Zeit verließ und zurückzukommen versprach. Sie be-

herbergt den Fremden und sie mag ihn. In der folgenden Szene wird deutlich, wie gefährlich die Situation und wie sehr Margreth davon betroffen ist.

Um sich selbst treu zu bleiben und trotzdem endlich ihr Glück zu leben anerkennt sie Simon Pfeifer als einen anderen und macht ihm einen Heiratsantrag, der ihn vor den Nachstellungen des Dorfes schützen soll. Die einzig mögliche Lösung, nur eine vage Hoffnung. |

Erster Akt

[...]
Sie küssen sich. Draußen klopft es an die Haustür.
Simon Wer ist das?
Margreth Was weiß ich. Jemand aus dem Dorf. Das ist egal.
Simon Nichts ist egal. Da draußen steht der Jäger, um mir den Fangschuss zu geben.
Margreth Küss mich noch einmal, Simon. Das letzte Mal.
Simon Simon? Was soll dieser Name?
Margreth Küss mich jetzt, Simon.
Draußen klopft es.
Margreth Ja ja, ich komme. Der Riegel ist geschoben.
Simon Sie kennen mich nicht, verstanden? Sie haben mich nie gesehen. *Er will hinten hinaus gehen.* Und wenn das Haus umstellt ist?
Margreth Bleiben Sie da. Sie werden nicht weit kommen in der Dunkelheit.
Anna *draußen* Mach endlich auf, Margreth.
Margreth Hören Sie? Das ist kein Jäger.
Simon Wo kann ich mich verstecken?
Margreth Versuchen Sie es im Stall. Den betritt niemand.
Simon Ich bedanke mich.
Margreth Für was denn? Für was?
Simon geht ab. Den Hut lässt er liegen. Margreth öffnet die Haustür. Anna kommt herein.
Anna Hast du es schon gehört?
Margreth Was denn?
Anna Ein Illegaler ist in der Gegend. Ein Irrläufer.
Margreth Nein, davon habe ich nichts gehört.
Anna Warum hast du denn zugesperrt?
Margreth Habe ich zugesperrt? Ach ja, natürlich habe ich zugesperrt. Ich habe mich plötzlich gefürchtet.
Anna Obschon du nichts gehört hast? Vor was?
Margreth Was weiß ich. Vor Gespenstern.

Anna Aber das Feuerhorn hast du gehört?

Margreth Ja, das wars. Ich habe das Feuerhorn gehört und mich gefürchtet und zugesperrt.

Anna Er ist über den Fluss gekommen in einem Boot, das er drüben gestohlen hat. Sie haben es gefunden im Schilf und wieder zurückgebracht, damit es kein böses Blut gibt. Ein Levantiner sei es oder ähnlich. Irgendwoher aus dem Osten oder aus dem Süden. Ein Messer habe er. Und gemeingefährlich sei er.

Margreth So? Wer hat das gesagt?

Anna Das weiß man, das ist bekannt. Die sind so mausarm und ausgehungert, dass sie sogar den Bäumen die Rinde wegfressen. Stell dir das vor. Mit so langen, spitzen Zähnen. Er muss irgendwo hier im Dorfe sein. Die Feuerwehr sucht ihn. Die Wege sind alle besetzt, er kann nicht ausbrechen. Mein Gott, die Angst, die ich ausstehe. Heilige Jungfrau, hilf.

Margreth Woher kommt der Mensch? Was sucht er hier?

Anna Von jenseits des Flusses, von noch viel weiter her. Die drücken herein wie Ungeziefer, hat Gerhard gesagt. Die sind am Verrecken. Das macht sie so böse und gefährlich, dass man sie fangen und unschädlich machen muss. *Anna sieht Brot und Speck und Gläser.* Hast du gevespert? Um diese Tageszeit?

Margreth Ja. Warum nicht?

Anna Mit zwei Schnapsgläsern?

Margreth Ja. Eines ist zu viel. Ich bin ganz durcheinander. Wer hat ihn denn gesehen?

Anna Zwei Männer im Holz. Sie haben eine fremde, dunkle Gestalt im Unterholz gesehen, sie haben sich mäuschenstill verhalten, sodass er nichts gemerkt hat, als er an ihnen vorbeigeschlichen ist. Sie haben ihn dann am Waldrand stehen und zum Dorf hinüberschauen sehen. Dann haben sie gesehen, wie er über die Wiese gerannt ist. Wie ein Tier. Und Gerhard behauptet, er habe eine ebensolche Gestalt zu diesem Haus gehen sehen.

Margreth So? Und warum kommt er nicht her und fragt mich, ob ich einen fremden Mann beherberge?

Anna Sie werden kommen, verlass dich drauf. Sie haben sich bei der Garage versammelt und gehen langsam vor, von Haus zu Haus. Ach, diese Angst, wahnsinnig. *Sie zeigt auf die hintere Tür.* Ist die zugesperrt?

Margreth Nein. Warum sollte sie zugesperrt sein?

Anna Sperr zu, sofort. Meinst du, ich will von diesem Tier überfallen werden? *Sie sieht den Hut.* Der Hut. Woher kommt der Hut?

MARGRETH Ich muss dir etwas erzählen, Anna. Setz dich.
ANNA Erst sperrst du zu und sagst mir, woher der Hut kommt.
MARGRETH Ich sperre nicht zu. Bitte, setz dich.
Anna setzt sich.
MARGRETH Es ist ein Wunder geschehen. Ein Traum. Jawohl, ich habe einen Traum gehabt. Der Hut stammt aus diesem Traum.
ANNA Bist du wahnsinnig geworden, Margreth? Ein Hut, von dem man träumt, verschwindet mit dem Traum. Das gibt es doch nicht, dass etwas aus einem Traum plötzlich vor uns liegt.
MARGRETH Paula hat mir den Hut gebracht. Ich soll ein neues Band dran machen.
ANNA Also, erzähl nicht solche Sachen. Du hast mich erschreckt.
MARGRETH Auch ich bin erschrocken. Aber es ist genau so gewesen, wie ich dir sage. Plötzlich steht ein Mann vor meiner Tür, ein Fremder, aber er ist mir unglaublich vertraut. Er gehört zu mir, von Anfang an, das sehe ich gleich. Ich nehme ihn herein, und er küsst mich. Hierher, auf meine Lippen. Dann nimmt er meine Brüste in die Hände und flüstert: »Margie, ich liebe dich, ich habe dich immer geliebt und ich werde dich immer lieben.«
ANNA Was?
MARGRETH Ja, genau so ist es gewesen.
ANNA Jetzt einmal ganz ruhig, Margreth. Weißt du, was du da erzählst?
MARGRETH Ich weiß es genau. Und ich erzähle genau das, was geschehen ist.
ANNA Hast du oft solche Erscheinungen?
MARGRETH Das war keine Erscheinung. Das war ein Mann aus Fleisch und Blut.
ANNA Du bist sehr seltsam geworden in letzter Zeit. Richtig schrullig.
MARGRETH Du glaubst mir nicht? Hier, auf diese Lippen hat er mich geküsst.
ANNA Entweder bist du wahnsinnig geworden oder es war Simon Pfeifer.
MARGRETH Still. Die Toten sollen ruhn.
ANNA Das Glas war für ihn. Und der Hut gehört ihm.
MARGRETH Der Hut? Nein, der gehört Paulas Mann.
ANNA Ich werde wahnsinnig. Da ist ein Illegaler in der Gegend, man hat ihn zu dir hineinschleichen sehen und du küsst dich mit einem fremden Mann.
MARGRETH Nein, das stimmt nicht. Es war zwar ein Fremdling, aber er war mir nicht fremd.
ANNA Und er hat dich tatsächlich Margie genannt? Du hast das nicht geträumt?

MARGRETH Er hat gesagt: »Sie haben mich gerettet, Margie.«

ANNA Es gibt nur einen einzigen Menschen, der dich Margie genannt hat. Das weißt du genau.

MARGRETH Ja, das stimmt.

ANNA Das ist unerträglich. Bist du verrückt oder bin ich es?

MARGRETH »Sie waren mein Licht, mein Stern am Himmel.« Das hat er wörtlich gesagt.

ANNA War dieser Simon Pfeifer ...

MARGRETH Still.

ANNA War dieser junge Mann damals nicht auch ein Levantiner?

MARGRETH Doch. Ein levantinisches Flüchtlingskind, für drei Monate hier aufgenommen zur Erholung, dann wieder zurückgeschickt ins Kriegsgebiet. Aber er ist tot, sonst hätte er sich schon längst gemeldet.

ANNA Vielleicht ist ers und will dich abholen. Und er ist gar kein Illegaler.

MARGRETH Nein. Das war einer, der sein Versprechen hält. Der hatte Charakter.

ANNA Vielleicht steckt er irgendwo da hinten im Stall. Oder auf dem Heuboden.

MARGRETH Nein. Er lebt hier in meiner Brust. Sonst nirgends.

ANNA Eben hast du behauptet, es sei ein Mann aus Fleisch und Blut bei dir gewesen.

MARGRETH Habe ich das?

ANNA Ja.

MARGRETH Es war ein Traum. Ein wunderschöner Traum.

ANNA Du steckst mich noch an, Margreth. Ich fange an durchzudrehen.

Simon tritt durch die Hintertür auf.

ANNA Da. Da ist er. Der Illegale.

SIMON *zu Anna* Guten Abend, Madame. *Zu Margreth.* Vorn bei der Garage stehen zwei Männer. Ich habe es versucht, aber ich komme nicht durch. Es tut mir leid, Ihnen weiterhin zur Last zu fallen.

ANNA Rühren Sie mich nicht an. Wir haben Ihnen nichts getan.

SIMON Ich bitte Sie, nicht zu schreien. Schreie locken Jäger an.

MARGRETH Sie sind noch immer da. Sie sind aufs Neue da. Ich träume wieder.

(U. 1995 Basel)

Coline Serreau *Hase Hase*

PERSONEN Mutter Hase, Vater Hase, deren Kinder Bébert, Jeannot, Marie, Lucie und Hase

HASE *geht auf die Vorbühne* Guten Abend, meine Damen, guten Abend, meine Herren, ich halte Ihnen jetzt meinen Monolog. Ich liebe meine Mutter sehr, ich liebe meinen Vater sehr und auch meine Brüder und Schwestern, ich bin sehr froh, gerade in diese Familie geraten zu sein. Sie sind sehr freundlich zu mir, es ist tatsächlich, als wäre ich einer der Ihren, sie glauben es sogar wirklich. Ich bin auf einem fliegenden Schiff hier angekommen und die Äther haben mein schon befruchtetes Ei in die Gebärmutter meiner Mutter eingeführt, als sie eines Tages mit gespreizten Beinen tief schlief. Wie ein Wind, ein unsichtbarer Hauch, bin ich in sie eingegangen und wuchs, indem ich mich von ihr ernährte. Ich weiß noch nicht, warum man mich hergeschickt hat. Aber ich sehe alles, was passiert, mit den Augen eines Fremden. Ich habe Gaben, aber ich bediene mich ihrer im Moment nicht. Eine Gabe ist, dass ich alles sehe. Das verändert völlig die Liebe, die ich für die Leute habe. Zum Beispiel weiß ich ein Heilmittel für jede Krankheit, für jedes Unglück. Es ist schrecklich, so, als ob es sich vor meinen Augen mit weißer Kreide auf eine schwarze Tafel schriebe. Und auf dieser Tafel steht auch geschrieben, dass es im Augenblick sinnlos wäre, über diese Heilmittel zu sprechen. Also betrachte ich schweigend das Unglück, ich sehe es wachsen und aufblühen wie eine schöne Blume und ich sage die Mittel nicht. Sie, die Sie mir hier gegenübersitzen, ich weiß sie. Eines Tages steht vielleicht auf meiner Tafel, dass es Sinn hat, die Heilmittel zu sagen. Jetzt sehe ich auf meiner Tafel etwas geschrieben, das zu sagen vielleicht ein wenig von Nutzen sein kann. Die Sintfluten, die über diesen Planeten hereinbrechen, werden niemanden stören. Es gibt hier nichts Interessantes für die Äther. Eure Reichtümer, die haben sie schon. Sie beobachten euch und haben keine Gefühle für euch. Der große Unterschied zwischen ihnen und euch besteht darin, dass sie wissen, dass sie Zentrum von Nichts und Niemandem sind. Jetzt sehe ich auf meiner schwarzen Tafel geschrieben, dass alles, was ich noch sagen könnte, nichts mehr nützen wird, selbst das nicht, was ich zuletzt gesagt habe. Gut, ich gehe schlafen. Ich umarme euch.
Dunkel

[...]
MAMA [...] Hase! Hase!

HASE *aus dem Zimmer* Ja ...
MAMA Lernst du?
HASE Ja.
MAMA Komm Tisch decken ... Bébert, geh, hilf Jeannot, die Matratze von Frau Duperri runterholen ...
Bébert geht raus. Hase kommt rein und deckt den Tisch. Papa hat sich wieder hingesetzt, er hat keinen Mut mehr zum Reden.
   Papa, fällt dir nicht was für Jeannot ein? Könntest du nicht bei deinem Personalchef versuchen, Jeannot als Sekretär oder so was einsteigen zu lassen, so hättest du ihn im Auge ... Meinst du nicht?
PAPA *guckt sie an, er braucht lange, um seine Wort zu finden* Ja ... Der Personalchef ... Das ist eine gute Idee ...
HASE Mama, ich bin traurig ...
MAMA *nimmt ihn in die Arme* Was hast du denn, mein Hase? Morgen geh ich zu deiner Französischlehrerin, ich regle das alles ... mach dir keine Sorgen ... Du hast mir immer noch nicht erklärt, was das nun ist, dein Fall Adamski ...
HASE Adamski, das ist ein Typ, der von den Außerirdischen kontaktiert wurde, Mama, du müsstest das Buch mal lesen ...
MAMA Davon hast du erzählt, statt deinen Vortrag über Rousseau zu halten?
HASE Ich hab es nicht extra gemacht, ich sprach nicht, ich wurde gesprochen ...
MAMA Du solltest nicht diese ganzen Geschichten lesen ...
Bébert und Jeannot kommen mit der Matratze und einer enormen und abscheulichen Kristallvase herein.
BÉBERT Hier, sie fragt, ob du ihr das aufheben kannst, wegen der Gerichtsvollzieher.
MAMA *die Vase nehmend* Mein Gott, wo stell ich das hin ...
Jeannot und Bébert legen die Matratze in eine Ecke.
   Stellt euch vor, sie geht ihr kaputt! Und sie geht ihr kaputt, todsicher ...
Mama stellt die Vase auf die Erde, in die Nähe der Matratze. Also. Essen!
Alle setzen sich an den Tisch, Mama teilt aus.
HASE In der Metro haben sie Lautsprecher mit Musik angemacht, um die Livesänger zu vertreiben. An der Station Bastille habe ich vierzehn Lautsprecher eingeschlagen.
MAMA Was?
HASE Die Lautsprecher sind Mist, nämlich die Livesänger, die bringen uns Geld.
MAMA Was bringen sie?

HASE Mit Semama, meinem schwarzen Kumpel, haben wir einen Trick, er fällt im Metrotunnel nicht weit vom Sänger um, er schreit, das lenkt ab, inzwischen steck ich das Geld des Sängers ein und verzieh mich. Wir treffen uns Chatelet und wir teilen.
MAMA Aber du bist verrückt, Hase, so was macht man nicht!
HASE Das Geld ist für Sciencefictionbücher, ich lese sie hinten in der Klasse, auf der letzten Reihe. Mein Mathelehrer hat mir schon vier Bücher abgenommen. Ist mir egal, in Mathe bin ich besser als er, er ist eifersüchtig. Sogar Bébert – in Mathe bin ich besser als er, stimmts Bébert?
BÉBERT *finster* Das stimmt.
MAMA So gehts nicht, Hase, du hast nichts vom Gymnasium begriffen. Kein Mensch verlangt von dir, dass du besser bist als dein Mathelehrer, man verlangt von dir nur, dass du deine Hausaufgaben machst, höflich bist und nicht zu spät kommst. Das ist Gymnasium. Morgen geh ich sie sprechen, deine Französischlehrerin.
HASE Du wirst sie sehen, sie wiegt 142 Kilo und ist sehr traurig als Dame … Sie sagt immer: »Das Leben ist nur ein Wachshaufen.« Ich schenk ihr einen Massagehandschuh und mein Buch über den Fall Adamski.
MAMA Hör mit dieser Geschichte vom Fall Adamski auf. Ich leg das Buch aufs Klo, wenn das so weitergeht.
HASE Dort ist es schon, da les ichs ja.
JEANNOT Was ist das, der Fall Adamski?
MAMA Ich verbiete, dass man hier davon redet.
HASE Das ist über die Außerirdischen.
JEANNOT Hase, du solltest lieber Marx lesen!
BÉBERT Du solltest auch Marx lesen, Jeannot!
JEANNOT *an empfindlicher Stelle getroffen* Ach so, du hast von Marx reden hören? Ich hätte es nicht geglaubt. Weißt du, es ist nicht sehr gut für einen zukünftigen Arzt, sich mit diesen Sachen zu beschäftigen …
BÉBERT *zwischen den Zähnen* Arschloch.
MAMA Ein für alle Mal, ich habe verboten, beim Essen über Politik zu reden.
JEANNOT Ist ›Arschloch‹ politisch?
MAMA Jeannot, das reicht.
HASE Der Fall Adamski ist nicht politisch.
MAMA Papa, tu doch was?
PAPA *erhebt sich langsam, spricht mit erstickter Stimme* Mir ist nicht gut.
MAMA Leg dich einen Moment hin …
Papa geht ins Zimmer der Jungen und bleibt verstört in der Mitte des Zimmers stehen.

JEANNOT Was hat er denn?
MAMA Er macht sich sicher Sorgen wegen dem Geld. Seit Monaten warten wir nun schon auf diese verdammte Lohnerhöhung. *Zu Jeannot.* Und jetzt noch du dazu! *Papa zurufend.* Papa, mach dir keinen Kopf, wir schaffen es schon, solange es regelmäßig kommt, kann man sichs noch irgendwie einteilen …
JEANNOT Ich dachte, man darf beim Essen nicht über Politik reden!
MAMA *sehr wütend* Oh, Jeannot, du nervst mich, ja!
JEANNOT *zwischen den Zähnen* Wie lange wird er das ertragen?
BÉBERT Du kannst nicht für die Leute entscheiden, was sie ertragen und was nicht.
JEANNOT Dir kanns egal sein! Du hast dein Lager gewählt, du hast deine Ruhe.
BÉBERT *brüllend* Nicht die mit der größten Fresse treiben die Dinge am weitesten voran!
JEANNOT *ironisch* Das stimmt wirklich.
MAMA *erschöpft* So, das reicht, ihr zwei. Fangt nicht wieder wie früher an. Fehlen nur noch eure Schwestern, und wir sind um zehn Jahre zurückversetzt!
Es klingelt.
HASE Mama, es klingelt …
Panik. Jeannot rennt ins Badezimmer, um sich dort zu verstecken, Bébert geht mit, um ihn wieder mit Wäsche zu bedecken.
MAMA Frag, wer da ist.
HASE *geht einen Moment raus und kommt wieder* Mama, es ist die Marie mit Koffern …
MAMA Wer?
HASE Die Marie mit Koffern. Soll ich aufmachen?
MAMA Ja …
BÉBERT Wer ist da?
MAMA Es ist die Marie mit Koffern.
JEANNOT *steigt vorsichtig aus der Badewanne* Wer ist da?
BÉBERT Es ist die Marie mit Koffern.
PAPA *aus seiner Niedergeschlagenheit erwachend* Wieso mit Koffern?
MARIE *kommt herein und lässt zwei enorme Koffer ins Zimmer fallen, sie strahlt* Tagchen, Mama, Tagchen, allesamt, für ein paar Monate wohn ich hier, ich lass mich scheiden. *Sie zieht ihren Mantel aus, sehr munter, zu Hause. Die Mama setzt sich auf einen Stuhl.*
PAPA Du lässt dich was?
MARIE Scheiden, Aber lasst euch durch mich nicht stören, ich kann sehr gut auf dieser Matratze schlafen. *Sie zeigt auf Jeannots Matratze.*

MAMA Nein, das ist Jeannots Matratze.
MARIE Ach so, Jeannot wohnt jetzt hier? Ich dachte, der wär in Brüssel ...
MAMA Das dachten wir auch.
MARIE Wie denn das?
MAMA Wir erklären es dir, wir erklären es dir ...
Dunkel

Der Tisch ist für zwölf Personen gedeckt, weiße Tischdecke, Blumen. Mama hat sich schön gemacht. Ein Hochzeitskuchen thront auf dem Tisch. Mama sitzt, sie wartet. Marie packt ihre Koffer aus. Sie faltet die Kleider auseinander und schichtet sie auf zwei Stühle.

MAMA Er hat dich also betrogen?
MARIE Nein, ich glaub nicht ...
MAMA Er schlug dich?
MARIE Nein.
MAMA Er nahm das ganze Geld aus der Kasse?
MARIE Nein, überhaupt nicht ...
MAMA Er trank?
MARIE Nein ...
MAMA 's ging im Bett nicht?
MARIE Doch, 's ging ...
MAMA Wolltest ein Kind und er wollte keins?
MARIE Nein, wir wollten beide keins.
MAMA Also, was wars, was nicht ging?
MARIE Nichts, 's ging alles gut.
MAMA Liebt er dich nicht mehr?
MARIE Doch, doch ... ich glaube ...
MAMA Und du, du liebst ihn nicht mehr?
MARIE Doch, doch, ich liebe ihn schon.
MAMA Nun dann?
MARIE Dann nichts.
MAMA Aber Marie, man lässt sich nicht wegen nichts scheiden! Ihr habt ein Unternehmen, das gut läuft ... Er kann das Café nicht allein führen, ganz abgesehen davon, dass es euch beiden gehört, dieses Café ...
MARIE Das Café, da pfeif ich drauf, das kann er für sich behalten.
MAMA Aber du musst deinen Anteil wiederhaben!
MARIE Nein, das interessiert mich nicht.
MAMA *sehr wütend* Aber was ist denn nun passiert?
MARIE Aber nichts, Mama. Nichts. Wir saßen beide am Tisch, er hat zu mir gesagt: »Reich mir das Salz«, er hat es freundlich gesagt, aber ich weiß nicht, ich bin aufgestanden, ich war nicht wütend, ich hab zu ihm

gesagt: »Ich lass mich scheiden.« Ich bin oben meine Koffer packen gegangen, das wars.

MAMA ›Reich mir das Salz‹, das ist alles.

MARIE Ja.

MAMA Er hat freundlich zu dir gesagt: »Reich mir das Salz«, und du hast geantwortet: »Ich lass mich scheiden.«

MARIE Ja.

MAMA *nimmt den Kopf zwischen die Hände* Wie einfach! Und wenn er gesagt hätte: ›Reich mir den Pfeffer‹?

MARIE Dann wäre ich vielleicht noch dort!

MAMA Woran doch so was hängt.

MARIE Ja, das fragt man sich manchmal!

MAMA *explodiert, rot, schnaubend, außer sich, sie steht auf, sie brüllt* Ja, sag mal, willst du mich verarschen oder was? Was hab ich dem lieben Gott getan, dass ich solche Kinder hab? Da fabriziert man sie dir, alles schön, wies sich gehört, mit allem dran, fünf Finger, fünf Zehen, die nötige Anzahl Nägel, Haare, Augen, die sehen, Ohren, die hören, man lässt sie dir aufwachsen, man erfindet Tag für Tag etwas, um sie essen zu lassen, sie zum Schlafen zu bringen. Man bringt sich vor Arbeit um, man lässt sich graue Haare wachsen, man zerbricht sich den Kopf, damit sie ein gutes Auskommen finden, einen guten Mann, man sagt sich, uff, die ist untergebracht und peng! Alles kracht in einer Sekunde zusammen, nur weil ein Typ gesagt hat: »Reich mir das Salz«, anstatt: »Reich mir den Pfeffer«! Nein, was zu viel ist, ist zu viel! Und dein Bruder Jeannot, der hier hereinbricht, mit der Polizei auf den Fersen, und wir müssen ihn in der Badewanne verstecken! Wie sieht das alles aus? Kannst du mir das mal sagen? Aber ich, ich sage es dir, ihr seid bescheuert, das ist es, ein bescheuertes Pack, das ist es, was ihr seid!

Marie lässt den Kopf hängen. Mama heftig.

Und dazu gibst du deiner kleinen Schwester ein schönes Beispiel! Die heute heiratet! Ich sagte mir, drei sind weg – von wegen! Hoffentlich wartet ihr Gérard ein paar Jahre, bevor er auf den Unglücksgedanken kommt, ihr »Reich mir das Salz« zu sagen! Nein wirklich! Nur gut, dass Bébert noch da ist, das sag ich dir! Der ist in einem Jahr Arzt, das ist Beton, der, wir werden nicht umsonst geschuftet haben! Aber du und Jeannot, ehrlich mal! Da geht ungeheuer Prügel verloren! Geh hoch zu Frau Duperri und borg noch eine Matratze.

MARIE Ja, Mama. *Sie geht raus. Mama versinkt in finstere Gedanken. Es klingelt.*

MAMA *geht öffnen* Da, die Hochzeitsgesellschaft.

HASE *kommt rückwärts laufend herein, völlig außer sich* Sie hat nein gesagt! Sie hat nein gesagt!
MAMA Was, wer hat nein gesagt?
HASE Zum Standesbeamten, sie hat nein gesagt!
MAMA Wer? Was?
HASE Als er sie fragte: »Nehmen Sie Herrn Soundso zum Mann?«, da ist sie aufgestanden und hat »Nein« gesagt und ist hinausgegangen und da war die Kacke am Dampfen! Bébert ist ihr hinterher, Jeannot auch, Gérard, der verstand nichts, seine Eltern, die waren sehr wütend, sie sind auf Papa losgegangen und haben ihn ungeheuer beschimpft, Papa, der hat ihnen gesagt: »Ich hole sie, wir sind gleich wieder da«, wir sind beide losgerannt, wir haben sie alle an der Bushaltestelle eingeholt, der Bus kam, Lucie, die ist eingestiegen, wir hinterher, Bébert, der wollte sie die ganze Zeit zum Aussteigen überreden, nichts zu machen, ich bin vorgerannt, um es dir zu erzählen, sie kommen … da sind sie …
Es tritt Lucie ein, gefolgt von Bébert, Jeannot und Papa. Lucie steuert wie eine Rakete auf den Sessel zu und setzt sich mit dem Gesicht zum Publikum hin.
LUCIE Ich habe »Nein« gesagt und nein ist nein. Das ist alles.
Bébert, Jeannot und Papa sind außer sich.
BÉBERT Lucie, zick nicht rum! Komm, sie warten auf dich … Wir nehmen ein Taxi …
MAMA Was soll das wieder?
JEANNOT Mach dir keinen Kopf, Mama, wir bringen das in die Reihe … Sie hat einen kleinen Anfall schlechter Laune, wir gehen gleich wieder zurück …
LUCIE Nein, wir gehen nicht zurück.
BÉBERT Lucie, sei vernünftig …
LUCIE Der erste, der mir von dieser Geschichte erzählt, der kriegt eins in die Fresse.
JEANNOT Lucie …
LUCIE Jeannot, halts Maul.
Marie kommt, eine Matratze hinter sich herziehend, herein.
MARIE Die Hochzeitsgesellschaft! Hurra! Es lebe die Braut! *Sie rennt zu ihrer Schwester.* Hallo, Schwesterchen! Na, wie findest du die Heirat?
LUCIE Wie du.
MARIE Wie das?
LUCIE Nur, dass ich mich v o r der Heirat scheiden lasse.
MARIE Ich versteh nicht …
MAMA *mit sehr finsterer Miene* Marie, geh noch mal hoch zu Frau Duperri und bitte sie um noch eine Matratze. Sag ihr, das ist die letzte,

die wir uns von ihr borgen, da wir jetzt vollzählig sind. Sag ihr auch, dass ich dafür ihre Louis-XV-Sessel aufbewahren werde, bis zu den Wahlen. Sie wird verstehen.
Dunkel

(Lapin Lapin, U. 1986 Paris/Genf; Übertr. Marie Besson, 1992)

Anhang

Abkürzungen

e. – entstanden; *BA* – Buchausgabe; *EA* – Erstaufführung; *F.* – Film; *Fsf.* – Fernsehfilm; *Fsp.* – Fernsehspiel; *Hg., hg.* – Herausgeber, herausgegeben von; *U.* – Uraufführung; *u. d. T.* – unter dem Titel; *urspr.* – ursprünglich; *versch.* – verschieden(e); *Zs(n).* – Zeitschrift(en); *Ztg(n).* – Zeitung(en)

Biografische Angaben/Quellennachweise

Beckett, Samuel (*13. 4. 1906 Foxrock, Dublin, Irland, †22. 12. 1989 Paris, Frankr.; entstammt einer protestant. Familie, der Vater war Baukalkulator; erzogen auf der Portera Royal School Enniskillen, 1923/27 Französisch- und Italienisch-Studium am Trinity College Dublin, 1928/30 Lektor an der École Normale Supérieure Paris, 1931/32 am Trinity College Dublin; 1931 Promotion zum M. A.; lebte seit 1937 in Frankreich, hauptsächlich in Paris; während der Hitler-Okkupation in der Résistance; schrieb seine Werke zunächst auf Engl. oder Franz., übersetzte sie jeweils selbst in die andere Sprache; 1959 Ehrendoktor des Trinity College Dublin, 1969 Nobelpreis f. Lit.), irischer Roman- und Prosaautor, Dramatiker, Hörspiel- u. Drehbuchautor, Regisseur.

– *Warten auf Godot* [En attendant Godot, pièce en deux actes; zuerst in Frz.]. 1. Akt (Ausz.) (1952, U. 1953 Paris; dt. EA 1953 Berlin, Übertr. Elmar Tophoven, 1953; als Schallplatte [Waiting for Godot] New York, Columbia, OZL 238; als Video: Münchner Kammerspiele, Regie G. Tabori. ℗ Bayer. Rundfunk 1984). In: S. B.: Spiele. Berlin: Volk und Welt 1988, S. 8. © Éditions de Minuit, Paris, 1952; © Suhrkamp Verl., Frankfurt a. M. 1953, 1976. *S. 22.*

Brasch, Thomas (*19. 2. 1945 Westow, Yorkshire, Großbrit.; Sohn jüdischer Emigranten; ab 1947 in Cottbus; 1956/61 Besuch der Kadettenschule der Nationalen Volksarmee in Naumburg, 1963 Abitur, danach Arbeit u. a. als Setzer und Schlosser; 1964/65 Studium der Journalistik in Leipzig, daneben Schlagzeuger der Gruppe »Jackets«, Exmatrikulation, Arbeit als Packer, Kellner, Straßenbauarbeiter, 1967/68 Fernstudium [Dramaturgie] an der Hochschule f. Film und Fernsehen Potsdam-Babelsberg, 1968 wegen des Protests gegen den Einmarsch der Armeen des Warschauer Vertrages in die ČSSR verurteilt zu 27 Monaten Gefängnis, vorzeitig entlassen; u. a. Arbeit im Brecht-Archiv, Berlin; seit 1972 freier Schriftsteller ebd.; 1976 Übersiedlung in den Westteil der Stadt; 1977 G.-Hauptmann-Preis, 1987 Kleist-Preis), dt. Prosaautor, Lyriker, Dramatiker, Filmszenarist und -regisseur sowie Hörspielautor und Übersetzer (insbes. Stücke von Anton Tschechow).

– *Mercedes.* 3. und 7. Szene (Ausz.) (U. 1983 Zürich; zuerst in: Theater heute [Seelze], 1983, H. 12; BA 1985); als Fsp. 1985). In: T. B.: Lovely Rita Lieber Georg Mercedes. Hg., Nachw. Jochen Ziller. Berlin: Henschel 1988, S. 71–73, 88 f. © Ebd. *S. 18–20.*

Brecht, Bertolt (eigtl. Eugen Berthold B.; *10. 2. 1898 Augsburg, †14. 8. 1956 Berlin; Sohn eines kaufm. Angestellten u. späteren Fabrikdirektors; schreibt als Schüler das Stück »Die Bibel«; 1917 Notabitur, Immatrikulation an der Universität München, zunächst Philosoph. Fakultät, später Medizin; 1918/1919 Sanitätssoldat; 1922 Dramaturg an den Münchner Kammerspielen, Beginn der Aufführungen seiner

Stücke; 1924 Dramaturg am Deutschen Theater Berlin, Beginn eigener Regiearbeit; ab 1933 Exil: Schweiz, Dänemark, Schweden, Finnland, USA; 1935 Entzug der dt. Staatsangehörigkeit; 1947 Rückkehr nach Europa; 1948 *Kleines Organon für das Theater* als Beschreibung seiner Theatertheorie; erhält in Berlin die Möglichkeit der Gründung eines eigenen Theaters, 1949 Eröffnung des Berliner Ensembles; 1950 Mitglied, ab 1954 Vizepräsident der Dt. Akademie der Künste; seit 1950 österr. Staatsbürgerschaft; 1951 Nationalpreis I. Klasse), dt. Dramatiker, Lyriker, Erzähler, Theoretiker, Regisseur.

– *Furcht und Elend des III. Reiches. Siebenundzwanzig Szenen.* 2: *Der Verrat;* 17: *Das neue Kleid* (e. 1937/38, BA London: Malik 1938 [nicht erschienen]; U. 1938 Paris, acht Szenen u. d. T. *99 %*; unvollst. Erstdruck d. Szenenfolge Moskau 1941 [13 Szenen, enthalten Szene 2]; 1942/43 »Bühnenbearb. für Amerika« u. d. T. *The Private Life of the Master Race*, BA 1944; umfangreichste dt. sprachige Veröff. [24 Szenen; Szene 17 auch nicht enthalten, andere Zählung]: New York: Aurora-Verl. 1945). In: B. B.: Werke. Große komm. Berliner und Frankfurter Ausgabe. Hg. W. Hecht/ J. Knopf/W. Mittenzwei/K.-D. Müller. Bd. 4: Stücke 4. Frankfurt a. M.: Suhrkamp; Berlin/Weimar: Aufbau 1988, S. 344, 417. ©1957 Suhrkamp-Verl., Frankfurt a. M. S. 20–22 [nicht in reformierter Rechtschreibung].

Büchner, Georg (*17. 10. 1813 Goddelau, Hessen, †19. 2. 1837 Zürich, Schweiz; Sohn eines Arztes, 1825/31 Gymnasium, während dieser Zeit Mitglied einer Gruppe literaturbegeisterter Schüler; ab 1831 Medizinstudium in Straßburg, ab 1833 in Gießen; 1834 Gründung der Gießener Sektion der »Gesellschaft der Menschenrechte«; 1835 wegen der Flugschrift *Der Hessische Landbote* [1834] steckbrieflich gesucht, Flucht nach Straßburg; 1836 Promotion an der Univ. Zürich mit einer Abhandlung über den Bau des Nervensystems; Übersiedelung nach Zürich, Privatdozent, Vorlesungen über vergleichende Anatomie; starb an Typhus), dt. Dramatiker, Erzähler, Publizist, Naturwiss.

– *Woyzeck.* Szene Mariens Kammer (e. 1836/37, U. 1913 München; BA 1879; als F. 1978, Regie Werner Herzog; als Fernsehaufz.: Schauspielhaus Düsseldorf, Regie Dimiter Gotscheff, ZDF 1994). In: G. B.: Werke in einem Bd. Hg. Nationale Forschungs- und Gedenkstätten der klass. dt. Literatur in Weimar. Berlin/Weimar: Aufbau 1974. S. 186 f. *S. 69 f.*

Burgess, Anthony (eigtl. John Anthony Burgess Wilson; *25. 2. 1917 Manchester, †25. 11. 1993 London; Sohn eines Barpianisten und späteren Ladenbesitzers und einer Tänzerin; Besuch des Xaverian Colleges, danach Gelegenheitsarbeiten; mit Hilfe eines Stipendiums Studium Engl. Literatur und Musik an der Univ. Manchester [Bachelor of Art]; 1940/46 British Armee Education Corps; nach dem Krieg versch. Lehrtätigkeiten; 1954/59 als Erziehungsoffizier im Kolonialdienst in Malaysia und auf Borneo; 1959 mit der Diagnose Hirntumor und der Aussicht auf ein Jahr Lebenszeit zurück nach Großbrit., schrieb in seinem ›Todesjahr‹ fünf Romane; danach freier Autor und Komponist; 1962 erschien *A Clockwork Orange* [dt. *Uhrwerk Orange*, 1972, 1993], sein berühmtester Roman, in dem er Eindrücke aus dem England von 1960 in die Zukunft projiziert und von dem es auch eine Verfilmung gibt [Großbrit. 1971, Regie Stanley Kubrick]; 1968 nach dem Tod seiner ersten Frau zweite Ehe, Übersiedlung nach Malta, 1969/70 Writer-in-Residence in Chapel Hill, North Carolina, danach in Italien, später Monaco und Lugano; versch. Gastprofessuren; starb an Krebsleiden; versch. internationale Preise, Ehrendoktor der Universitäten Manchester, 1982, Birmingham, 1986, und St. Andrews, 1991), brit. Roman-, Fernseh- und Hörspiel-

autor, auch Verf. von Biografien über Shakespeare und Hemingway sowie einer Einführung in das Werk von James Joyce.
- *Clockwork Orange 2004*. Bühnenfassung in Zus.arbeit m. d. Royal Shakespeare Company. 1. Teil (Ausz.) (e. 1962, U. 1988 Bonn, Übertr. Bruno Max; brit. U. 1990 London [Royal Shakespeare Company im Barbican]; als F. ↗ oben; als Schallpl. Phonodisc: Caedmon TC 1417, 1973). © in the original text Estate of Anthony Burgess; © Thomas Sessler Verlag, Wien. *S. 133–138.*

Charms (eigtl. Juvačev), Daniil Ivanovič (*17. 12. 1905 Petersburg, †2. 2. 1942 Leningrad oder Novosibirsk; Sohn eines Hofrates, die Mutter entstammt einer Adelsfamilie, leitete ein Asyl für ehemalige weibl. Strafgefangene; ab 1915 Besuch der dt. Petrischule, 1922 Wechsel an das ehemalige Mariengymnasium in Carskoe Celo, 1924 Abitur, danach Studium, zuerst am Elektrotechnikum [im ersten Jahr abgebrochen], 1926 am Institut f. Kunstgeschichte, Fach Film [nicht beendet]; ab 1925 Lesungen eigener und fremder Gedichte, 1926 Aufnahme in den Dichterverband, Mitgl. der avantgardistischen Künstlergruppe »Oberiu«, Dez. 1931 zus. m. anderen Verhaftung wegen »Organisation u. Beteiligung an einer illegalen antisowjetischen Vereinigung von Literaten«, Verurteilung zu 3 Jahren Lager, Verbannungsort: Kursk, darf Nov. 1932 nach Leningrad zurückkehren; eingeschränkte Veröffentlichungsmöglichkeiten, v. a. Texte für Kinder in den Zsn. »Ež« [Der Igel, 1928/30] und ab 1930 »Čiž« [Der Zeisig], entbehrungsreiches Leben, ab 1937 häufiger Eintrag im Tagebuch: »Wir hungern.«; August 1941 zweite Verhaftung, Tod während der Haft; 1956 rehabilitiert), russ. Lyriker, Dramatiker, Prosaautor und Essayist.
- *Streit* [Spor]. Minidrama (e. 20. Nov. 1933). In: Fehler des Todes. Russ. Absurde aus zwei Jahrhunderten. Hg., Übertr. a. d. Russ. Peter Urban. Frankfurt a. M.: Verlag der Autoren 1990, S. 351 f. © (Aufführung- und Senderechte) Ebd.; © Haffmans Verlag AG, Zürich. *S. 24.*

Erdman, Nikolaj Robertovič (*16. 11. 1902 Moskau, †10. 8. 1970 ebd.), russ. Dramatiker, schrieb zunächst Revuen, später Libretti und Filmszenarien.
- *Der Selbstmörder* [Samoubijca]. Komödie. 1. Akt, 1. Auftritt (1930). In: Fehler des Todes (↗ Charms), S. 319–321. © Verlag der Autoren GmbH & Co KG, Frankfurt a. M. 1990; © Verlag Ardis, Ann Arbor 1980. *S. 126 f.*

Friedell (eigtl. Friedländer), Egon (*21. 1. 1878 Wien, †16. 3. 1938 ebd. [Freitod, um den NS-Rassenverfolgungen zu entrinnen]; Studium in Berlin, Heidelberg u. Wien, 1904 Dr. phil.; 1908/10 Leiter des Kabaretts »Fledermaus«, schrieb dafür zus. m. Alfred ↗ Polgar u. a. *Goethe. Eine Szene*; 1919/22 Theaterkritiker, danach 5 Jahre Schauspieler an Reinhardt-Bühnen in Berlin u. Wien; freier Schriftsteller), österr. Kulturhistoriker [u. a. *Kulturgeschichte der Neuzeit*, 1928/31], Dramatiker, Erzähler, Essayist, Übersetzer und Kritiker.
- *Goethe im Examen. Groteske in zwei Bildern* (zus. m. Alfred Polgar; 1908 [u. d. T. Goethe. Eine Szene], leicht veränd. 1932). Zit. nach: Fürs Publikum gewählt – erzählt. Prosa aus acht Jahrzehnten Kabarett. Hg. Helga Bemmann. Berlin: Henschel 1983, S. 220–230. © Annemarie Kotab, Kufstein, und E. G. Ell, New York. *S. 92–100.*

Fugard, Athol (*11. 6. 1932 Middelburg, Kapprovinz; Besuch des Technical College in Port Elizabeth, Studium der Philosophie und Anthropologie an der Univ. Kapstadt; versch. Tätigkeiten: Seemann, Journalist, Verwaltungsangestellter, u. a. am Fordsburg-Gericht in Johannesburg, dort mit Schicksalen von Schwarzen konfrontiert; 1957 Ehe m. d. Schauspielerin Sheila Meiring; in Folge Kontakt zum Theater, seit 1958 freier Autor, erster großer Erfolg mit *With Skin and Hair* [U. 1962; dt. *Mit Haut und Haar*]; seit 1963 Mitgl. der »Serpent Players«, einer Gruppe schwarzer Schauspieler aus New Brighton, Port Elizabeth; entwickelt seine Stücke zumeist in Zusammenarbeit mit Schauspielern, denen er weitgehendes Mitspracherecht einräumt und sie – wie John ↗ Kani und Winston Ntshona – auch als Mitautoren nennt, führt Regie und spielt selbst; 1967/71 Ausreiseverbot aus der Republik Südafrika wegen Missachtung der Apartheits-Gesetze; lebt in Port Elizabeth), südafrikan. Dramatiker, Drehbuch- und Romanautor; schreibt in Engl.

– *Die Insel* [The Island]. Vier Szenen. 1. Szene (Ausz.) (zus. m. John Kani/Winston Ntshona, U. 1973 Kapstadt; dt. EA 1976 Hamburg, Übertr. Eva Walch). In: A. F.: Stücke. Berlin: Henschel 1980, S. 253 f., S. 257–261. © A. F., John Kani, Winston Ntshona 1973, 1974; © S. Fischer, Frankfurt a. M. 1979 [Fischer Tb. 7051]. *S. 128–133.*

García Lorca, Federico (*5. 6. 1898 Fuente Vaqueros, †19. 8. 1936 Víznar b. Granada [ermordet]; Sohn eines andalusischen Grundbesitzers und einer Lehrerin, dessen Homosexualität von der Familie wie den Freunden zeitlebens nicht akzeptiert wurde; Studium der Philos., Literatur u. Rechtswiss., ab 1915 in Granada, ab 1919 in Madrid, 1923 jurist. Staatsexamen, übte den Beruf jedoch niemals aus; zunächst Interesse für Musik, 1918 Erscheinen seines ersten Buches, *Impresiones y paisajes* [Eindrücke und Landschaften], Anschluss an die spanische Avantgarde; 1931 von dem republikanischen Unterrichtsminister, einem seiner früheren Universitätslehrer, beauftragt mit der Leitung des Theaters »La Barraca«, zwei Jahre als Leiter, Regisseur, Schauspieler und Bühnenbildner der mobilen Gruppe tätig; Freundschaft mit Jorge Guillén, Luis Buñuel, Salvadore Dalí, Raphael Alberti u. a., 1936 Gründung des »Bundes Antifaschistischer Intellektueller«; von Falangisten ermordet), span. Dramatiker, Prosaautor und Lyriker, spielte Klavier und Gitarre, malte und zeichnete.

– *Bernarda Albas Haus. Frauentragödie in spanischen Dörfern in drei Akten* [La casa de Bernarda Alba]. 2. Akt (Ausz.) (e. 1933/36, U. 1945 Buenes Aires, als F. Spanien 1986, Regie M. Camus; dt.spr. EA 1947 Basel, dt. EA 1950 Essen; als Fernsehaufz.: Schauspielhaus Leipzig, Regie Konstanze Lauterbach, ZDF 1994). In: F. G. L.: Stücke. Übertr. Enrique Beck [1954]. Leipzig: Reclam 1976, S. 186–191. © Insel Verlag, Wiesbaden 1954. *S. 121–126.*

Genet, Jean (*19. 12. 1911 Paris, †15. 4. 1986 ebd.; Sohn einer Prostituierten, zunächst aufgewachsen in staatlichen Fürsorgeheimen, ab 1918 als Pflegekind armer Bauern in Morvan, Burgund; 1923 Schulabschluss als bester Schüler der Gemeinde, Druckerlehre bei Paris; 1925 Einweisung in ein Beobachtungszentrum für Heranwachsende und psychiatrische Behandlung, galt wegen wiederholten Diebstahls und ständigem ›Durchbrennen‹ als labil; 1929 als Freiwilliger zum Militär [wiederholt erneuert], 1936 Desertion; in der Folge Flucht durch Europa, lebte von Bettelei, Diebstählen und Prostitution, mehrere Male inhaftiert; nach einem größeren Einbruch in Frankreich 1942 Verurteilung zu einer Gefängnisstrafe, 1943 nochmals 3 Monate, kurz danach 4 Monate, die drohende Verurteilung zu lebenslanger Haft wurde aufgrund eines Gnadengesuchs von Jean Cocteau, Jean Paul Sartre u. a. beim Staatspräsidenten abgewendet, 1949 endgültige Begnadigung – Sartre demonstriert in *Saint Genet, comédien et martyr* [1952; Der heilige Genet, Komödiant und Märtyrer, dt. 1982] anhand dieses Falls das Problem der bewusst gewählten ›Negativität‹ –; G. begann in den Strafanstalten von La Santé und Fresnes zu schreiben: u. a. das Gedicht *Le condamné à mort* [1942; dt. *Der zum Tode*

Verurteilte, 1969] und das Stück *Les bonnes*, im Auftrag des Theaterregisseurs Louis Jouvet; danach Buchhändler und Schriftsteller; ab 1968 polit. Engagement, unterstützte die Black-Panther-Bewegung in den USA, die palästinensische Befreiungsbewegung und trat für die Belange nordafrikan. Einwanderer in Frankreich ein; litt seit 1978 an Kehlkopfkrebs; 1947 Prix de la Pléiade, 1983 Grand Prix National), frz. Dramatiker, Romanautor und Lyriker, auch Drehbuchautor.

– *Die Zofen. Tragödie* [Les bonnes] (U. 1947 Paris, BA 1948; dt. EA 1957 ContraKreis Bonn, Übertr. Gerhard Hock, 1957). In: J. G.: Alle Dramen. Hamburg/Gifkendorf: Merlin Verl. 1980, S. 39–48. © Jean Genet et Éditions Gallimard; © Merlin Verlag Andreas Meyer Verlags GmbH & Co KG, Gifkendorf. *S. 100–107.*

Goethe, Johann Wolfgang von (geadelt 1782) (*28. 8. 1749 Frankfurt a. M., †22. 3. 1832 Weimar; Sohn eines kaiserl. Rates und einer Schultheißentochter; erste Ausbildung im Elternhaus, 1765/68 Jurastudium in Leipzig, Abschluss 1770/71 in Straßburg; in Folge Arbeit als Advokat und Praktikant am Reichskammergericht in Wetzlar; 1775 auf Einladung des Herzogs Carl August nach Weimar, Berufung in den Staatsdienst, Beschäftigung mit einer Vielzahl öffentlicher Aufgaben, naturwissenschaftl. und philos. Studien, 1786 Reise nach Italien, ab 1788 wieder in Weimar; 1791/1817 Leitung des Hoftheaters; seit 1794 Freundschaft mit Friedrich Schiller), dt. Dichter, kunsttheoret., philos. u. naturwiss. Schriftsteller [u. a. *Farbenlehre*], Staatsmann.

– *Clavigo. Ein Trauerspiel* [Fünf Akte]. 1. Akt (Ausz.) (U. 1774 Hamburg). In: J. W. G.: Poetische Werke [Berliner Ausgabe]. Bd. 5. Berlin/Weimar: Aufbau 1978, S. 207–210. *S. 55–58.*

Gryphius (urspr. Greif), Andreas (*2. 10. 1616 Glogau, †16. 7. 1664 ebd.; Sohn eines aus Thür. stammenden Archidiakons der luth. Kirche, früh Waise; 1628/31 Schulbesuch in Glogau, 1632/33 Gymnasium in Fraustadt, 1634 Studium am Akadem. Gymnasium Danzig; Arbeit als Erzieher; 1638 Studium der Philos., Rechtswiss. und Medizin an der Universität Leiden; 1644 Reise nach Frankreich, 1646 nach Italien, 1647 Rückkehr nach Fraustadt; Ablehnung von drei Angeboten für eine Professur; ab 1650 Amtstätigkeit in Glogau), dt. Dramatiker und Lyriker.

– *Absurda Comica oder Herr Peter Squenz. Schimpfspiel in drei Aufzügen.* 1. Aufzug (1658 [?]; Aufführungen in vielen Städten, belegt u. a. Heidelberg 1668, Dresden 1672). In: A. G.: Werke in einem Band. Hg. Nationale Forschungs- und Gedenkstätten der klass. dt. Lit. Weimar. Berlin/Weimar: Aufbau 1985, S. 179–187. *S. 48–55.*

Hebbel, Christian Friedrich (*18. 3. 1813 Wesselburen, Holst., †13. 12. 1863 Wien; Sohn eines Tagelöhners [Maurer, †1827]; Elementarunterricht, Schreiber bei einem Kirchspielvogt; ab 1829 erste Gedichte; 1835 Hamburg; 1836 externes Jurastudium; 1839 Rückkehr nach Hamburg und Arbeit als Rezensent; Reisen nach Paris und Rom aufgrund eines Stipendiums der dänischen Krone; 1844 Dr. phil.; 1846 Ehe m. d. ›Burg‹-Schauspielerin Christine Enghaus, erstmals materielle Sicherheit, Verbindung zum Wiener Burgtheater und zum Hoftheater Weimar), dt. Dramatiker, auch Lyriker und Prosaautor.

– *Maria Magdalena. Ein bürgerliches Trauerspiel in drei Akten.* 3. Akt, 8. Szene (1844, U. 1846 Leipzig; als Fernsehaufz.: Stadttheater Konstanz, Regie Antje Lenkeit, ZDF 1993). In: F. H.: Dramen. Leipzig: Reclam 1988, S. 154–158. *S. 70–73.*

Ibsen, Henrik (*20. 3. 1828 Skien, †23. 5. 1906 Kristiana [Oslo]; Sohn eines Kaufmanns, nach Bankrott der väterl. Handelsfirma 1844/50 Apothekerlehre, daneben

Vorbereitung auf Abitur und Medizinstudium; Lehrer an der Schule der Thraniterbewegung und Mitarb. am »Arbeiderforeningenes Blad« [1849/51]; 1851/57 Leiter des Theaters in Bergen, 1857/62 des »Norweg. Theaters« in Kristiana; 1864/68 Rom, 1868/75 Dresden, bis 1891 München; 1891 Rückkehr), norweg. Dramatiker.

– *Ein Puppenheim (Nora). Schauspiel in drei Akten* [Et dukkehjem]. 3. Akt (Ausz.) (U. 1879 Kopenhagen; dt. EA 1880 München; als F. 1923, 1944; als Fsf. 1974, Regie R. W. Faßbinder). In: H. I.: Dramen. Übertr. Bernhard Schulze. Berlin: Rütten & Loening 1987, S. 344–357. © (f. dt. Übertr.) Hinstorff Verlag, Rostock. *S. 73 – 84.*

Kani, John, und Winston *Ntshona,* Mitverfasser von Athol ↗ Fugards Stücken *The Island,* U. 1973, und *Sizwe Bansi Is Dead,* U. 1972; Schauspieler der südafrikanischen Gruppe »Serpent Players«; Erhalt des New Yorker »Tony Award« für die Darstellung in *Sizwe Bansi ist tot;* längere Zeit inhaftiert auf Robben Island, der Gefängnisinsel für politische Gefangene.

– *Die Insel* [The Island]. Vier Szenen. 1. Szene (Ausz.) (zus. m. Athol Fugard, U. 1973 Kapstadt; dt. EA 1976 Hamburg; Übertr. Eva Walch) ↗ Fugard. *S. 128–133.*

Kleist, (Bernd) Heinrich (Wilhelm) von (*18. 10. 1777 Frankfurt/Oder, †21. 11. 1811 am Wannsee b. Potsdam [Freitod]; entstammt einer altadligen preuß. Offiziersfamilie, Privatunterr., nach Tod des Vaters 1788 Erziehung in Berlin; 1792/99 Militärdienst in einem preuß. Garderegiment, 1799/1800 Studium in Frankfurt/Oder, danach Hospitationen z. Eintritt in den preuß. Staatsdienst; Sinn- und Lebenskrise, zahlreiche Reisen, Anstoß zu schriftsteller. Arbeit; ab 1804 Tätigkeit im Preuß. Finanzdepartement, dann Finanzverwaltung Königsberg; 1808 Hg. des Kunstjournals »Phöbus«, 1810 Gründung der Tages-Ztg. »Berliner Abendblätter« [1811 eingestellt], 1811 Mitglied der »Christlich-Deutschen Tischgesellschaft«; trotz schriftsteller. Erfolge finanzielle Bedrängnis und persönliche Isolierung; sorgfältige Planung des Doppelselbstmords mit Henriette Vogel [*1777], die er seit 1811 kannte), dt. Dramatiker, Erzähler, auch Lyriker und Publizist.

– *Prinz Friedrich von Homburg. Ein Schauspiel in fünf Akten.* 3. Akt, Vierter und Fünfter Auftritt (e. 1809/1811, U. 1821 Wien; zuerst 1821 in: H. v. K.: Hinterlassene Schrn. Hg. L. Tieck; als Oper U. Hamburg 1960, Musik H. W. Henze, Libretto Ingeborg Bachmann; als Fsf. DFF 1989, Regie Fritz Bornemann). In: H. v. K.: Werke in 2 Bdn. Bd. 2. Hg. Nationale Forschungs- und Gedenkstätten der klass. dt. Literatur in Weimar. Berlin/Weimar: Aufbau 1980, S. 354–359. *S. 64–68.*

Ludwig, Volker (eigtl. Eckart Hachfeld; *13. 6. 1937 Ludwigshafen; Sohn des Schriftstellers Eckart Hachfeld; aufgewachsen in Thüringen, seit 1952 Westberlin; 1957/61 Studium der Germanistik und Kunstgeschichte ebd. und München; seit 1962 freier Schriftsteller, gründete 1965 das »Reichskabarett Berlin«, 1966 das »Theater für Kinder im Reichskabinett« [seit 1972 GRIPS-Theater], dessen Leiter und Hauptautor er ist; 1969, 1971 Brüder-Grimm-Preis; 1987 Mühlheimer Dramatikerpreis für *Linie 1*), dt. Dramatiker und Theaterpraktiker.

– *Linie 1. Musikalische Revue.* 13. Bild (Musik Birger Heymann, U. 1986 Berlin; als F. 1988, Regie Reinhard Hauff). In: Linie 1. Ab heute heißt du Sara. Zwei Stücke des GRIPS-Theaters. Hg., Vorw. Ingeborg Pietzsch. Berlin: Henschel 1990. S. 75–80. © Verlag Autoren-Agentur, Frankfurt a. M. *S. 25–30.*

Martin, Christian (*1950 Ellefeld, Vogtl.; Studium d. Fächer Deutsch und Geschichte an der Päd. Hochschule Leipzig, danach Lehrer in Falkenstein/Vogtl.; 1981/84 Fernstudium am Literaturinsti-

tut »J. R. Becher« Leipzig; 1985 Förderstipendium und Praktikum am Dt. Theater Berlin; seit 1986 freier Autor; lebt in Ellefeld), dt. Dramatiker.
- *Amok. Ein Spiel.* 7. Szene (e. 1987/89, U. 1992 Magdeburg). In: Theater der Zeit (Berlin) 45 (1990), H. 2, S. 65. © Henschel Schauspiel Verlag GmbH, Berlin. *S. 17f.*
- *Bunker. Ein Spiel.* 5. Szene (e. 1990/91, U. 1992 Leipzig). In: Theater der Zeit 46 (1991), H. 9, S. 89. © (↗ oben). *S. 16f.*

Müller, Heiner (*9. 1. 1929 Eppendorf, Sachsen, †30. 12. 1995 Berlin; Sohn eines Angestellten und einer Textilarbeiterin; 1944/45 Reichsarbeitsdienst, US-amerik. Kriegsgefangenschaft; danach Angestellter in Waren, Meckl., zuerst in einer Bibliothek, später im Landratsamt; 1947 Oberschule in Frankenberg, 1949 Abitur; danach journalist. Arbeit, ab 1951 Berlin; 1954/55 wiss. Mitarbeiter beim Schriftstellerverband der DDR, dann Redakteur der Zs. »Junge Kunst«, 1958/59 Mitarbeiter am Maxim-Gorki-Theater, danach freier Autor; 1961 Ausschluss aus dem Schriftstellerverband; 1970/76 Dramaturg am Berliner Ensemble; 1975 erste Reise in die USA; 1976 Dramaturg an der Volksbühne, 1987 Regisseur am Deutschen Theater; 1990 Präsident der Akademie der Künste Ost [Mitgl. seit 1984]; zuletzt Intendant des Berliner Ensembles; 1959 zus. m. Inge Müller Heinrich-Mann-Preis der Akad. d. Künste, 1985 G.-Büchner-Preis der Akad. Darmstadt, 1986 Nationalpreis der DDR), dt. Dramatiker, Essayist, auch Lyriker und Prosaautor.
- *Philoktet* (Ausz.) (e. 1958/64, U. 1968 München, zuerst in: Sinn und Form [Berlin] 17 [1965], H. 2). Zit. nach: Stücke nach der Antike. Ausw., Einl. Christoph Trilse. Nachw. Rudolf Schottlaender. Berlin: Henschel 1969, S. 105–111. © Aufbau Verlag, Berlin und Weimar. *S. 41–48.*

Ntshona, Winston (↗ Kani, ↗ Fugard)

Polgar (urspr. Polak), Alfred (*17. 10. 1873 Wien, †24. 4. 1955 Zürich; Sohn eines Musiklehrers und Komponisten; Volksschule, Unterstufe Gymnasium, Handelsschule; begann seine publizistische Tätigkeit im Kreis von Peter Altenberg, Prototyp des Wiener Caféhausliteraten; 1895 Eintritt in die Redaktion der »Wiener Allgemeinen Ztg.«, 1908 Zusammenarbeit mit Egon ↗ Friedell für das Kabarett »Fledermaus« [u.a. *Goethe*], mit dem er auch Sketche und Zeitungsparodien verfasste; schrieb regelmäßig für liberale Ztgn. Theaterkritiken, u.a. »Prager Tagblatt«, »Tag«, seit der Gründung Mitarbeiter von »Die Schaubühne« [1905; später »Die Weltbühne«] und »Tage-Buch« [1920], ab 1925 in Berlin, wo seine Kurzprosa und krit. Schriften in Sammelbänden erschienen; nach dem Reichstagsbrand 1933/38 Hauptwohnsitz Wien; 1938 Emigration über die Schweiz nach Paris, 1940 über Spanien Flucht in die USA, lebte in Hollywood, später in New York; 1939 Aberkennung der dt. Staatsbürgerschaft, 1945 US-amerik. Staatsbürgerschaft; ab 1949 wiederholt in Europa, u.a. Zürich, München, Berlin, Wien, Rom; starb in einem Zürcher Hotel, österr. Feuilletonist, Essayist, Theater- und Literaturkritiker, Novellist und Lustspielautor, auch Übersetzer.
- *Goethe im Examen. Groteske in zwei Bildern* (zus. m. Egon Friedell, 1908 [u. d. T. Goethe. Eine Szene], leicht veränd. 1936). Zit. nach: Fürs Publikum gewählt (↗ Friedell). © Annemarie Kotab, Kufstein, und E. G. Ell, New York. *S. 92–100.*

Schiller, Friedrich (geadelt 1802)(*10. 11. 1759 Marbach a. N., †9. 5. 1805 Weimar; Sohn eines Wundarztes und Offiziers, später Verwalter der Hofgärten des herzogl. Lustschlosses Solitude b. Stuttgart; 1767/73 Lateinschule in Ludwigsburg, auf Befehl des württemberg. Herzogs Karl Eugen 1773/78 Zögling der Karlsschule, studierte anfangs Jura, später, wiederum auf Weisung des Herzogs, Medizin, las heimlich die Werke Klopstocks, Lessings, Goethes, Shakespeares, Rousseaus u. a., wurde in seinem unbedingten Freiheitswillen bestärkt durch die aufklärerisch geprägte Geniekonzeption seines Lehrers Abel – verfasste in dieser Zeit sein Erstlingsdrama *Die Räuber*, vom Herzog mit Schreibverbot belegt –, nach Promotion [schlechtbezahlter] Regimentsarzt, 1782 Flucht aus Württemberg; 1783/84 Theaterdichter am Mannheimer Nationaltheater, 1785 Leipzig, später Dresden, 1787 Geschichtsstudien in Weimar, 1788 Professor für Geschichte an der Univ. Jena; ab 1794 Freundschaft mit Goethe, 1795/97 Hg. der Zs. »Die Horen«, 1797/1800 Mitarbeit am »Musenalmanach«, 1799 Übersiedlung nach Weimar), dt. Dramatiker, Lyriker, Erzähler, Kunsttheoretiker, Historiker, auch Übersetzer.

– *Die Räuber. Ein Schauspiel.* 2. Akt, 3. Szene (anonym 1781, U. 1782 Mannheim; Bearb. als Trauerspiel 1782; als F. 1907, 1913, 1914, BRD 1977 [u. d. T. Tod oder Freiheit, Regie Wolf Gremm]; als Fsf. BRD 1959, Regie F. Umgelter; DDR 1967, Regie G. Keil; DDR 1982, Regie C. Bleiweiß). In: F. S.: Werke in 5 Bdn. Bd. 2. Hg. Nationale Forschungs- und Gedenkstätten der klass. dt. Lit. Weimar. Berlin/Weimar: Aufbau 1974, S. 71–78. *S. 58–64.*

Schneider, Hansjörg (*27. 3. 1938 Aarau; Sohn eines Gewerbeschullehrers; Studium der Germanistik, Geschichte und Psychologie, 1966 Promotion [Arbeit über J. v. Hoddis], danach tätig als Lehrer, Journalist und Schauspieler, dann freier Schriftsteller in Basel, Mitglied der »Gruppe Olten«; 1976 Welti-Preis, 1986 Baseler und Aargauer Literaturpreis), schweiz. Erzähler und Dramatiker.

– *Der Irrläufer.* Schauspiel in drei Akten. 1. Akt (Ausz.) (U. 1995 Basel). Frankfurt a. M.: Verlag der Autoren 1995, S. 36–43. © Ebd. *S. 138–143.*

Schnitzler, Arthur (*15. 5. 1862 Wien, †21. 10. 1931 ebd.; Sohn eines Laryngologen; 1871/79 Akadem. Gymnasium [Matura m. Auszeichnung], 1879/85 Medizinstudium, 1885 Dr. med., bis 1893 Assistenzarzt, danach Eröffnung einer Privatpraxis; ab 1886 regelmäßige Veröff. von Gedichten, Prosa, Skizzen, Aphorismen in Ztgn. u. Zsn., 1890 nähere Berührung mit Literatenzirkeln [»Jung Wien«], Bekanntschaft mit R. Beer-Hofmann, H. Salten, Hugo v. Hofmannsthal u. a., 1895 Generalvertrag m. S. Fischer Verl.; 1903 Ehe mit der Sängerin Olga Gussmann), österr. Dramatiker, Erzähler, Essayist, auch Lyriker und Drehbuchautor.

– *Literatur* (Ausz.) (e. 1900, U. 1902 Berlin; BA 1901 als Teil des Einakterzyklus »Lebendige Stunden«). In: A. S.: Reigen. Der grüne Kakadu. Literatur. Zum großen Wurstel. Hg., Nachw. Manfred Nöbel. Berlin: Henschel 1986, S. 157–166. © S. Fischer, Frankfurt a. M. *S. 84–91.*

Serreau, Coline (*1947; Studium Musikwiss. und Orgel am Conservatoire National Supérieur Paris und Schauspielausbildung; spielte ab 1970 in Theater und Film; erstes Drehbuch 1974 zum Film *On s'est trompé d'histoire d'amour*, in dem sie auch die Hauptrolle übernahm [Regie Bertucelli]; seit 1975 auch Filmregie, 1982 Drehbuch und Regie für *Trois hommes et un couffin* [dt. *Drei Männer und ein Baby*; 1984 mit drei Césars ausgezeichnet], 1992 für *La Crise* [dt. *Die Krise*]; seit 1986 Bühnenstücke, in *Lapin Lapin* [Regie Benno Besson] verkörperte sie die Mutter), frz. Dramatikerin, Drehbuchautorin, Schauspielerin und Regisseurin.

– *Hase Hase* [Lapin Lapin]. 1. Teil (Ausz.) (U. 1986 Paris/Genf; dt. EA Schillertheater Berlin 1992, Regie Benno Besson, als Fernsehaufz. SFB 1993, Übertr. Marie Besson). Berlin: henschel Schauspiel Theaterverlag 1993, S. 14, S. 18–27. © Ebd. *S. 143–150.*

Sophokles (*497/496 v. Chr. Kolonos, †405/406 v. Chr. Athen; umfassende Ausbildung; Schauspieler; 468 v. Chr. erstmals Sieg bei dramatischen Wettkämpfen; 443/442 v. Chr. Vorsitzender der Tributkommission; 441 v. Chr. Stratege Athens; schrieb 130 Stücke, wovon sieben Tragödien erhalten sind), altgriech. Tragödiendichter.
– *Philoktet* [Philoktētēs] (U. 409 v. Chr.). In: S.: Werke in einem Bd. Übertr. Rudolf Schottlaender. Berlin/Weimar: Aufbau 1982, S. 55 – 63. *S. 34 – 41.*

Strelow, Ina (*9. 11. 1958 Berlin; 1977 Abitur, danach Volontärin beim Rundfunk der DDR, 1978/79 Mitarbeiterin in der Pressestelle des Ministeriums für Kultur der DDR, 1980 redaktionelle Tätigkeit im Berliner Verlag, 1982/86 Arbeit im Buchhandel, Ausbildung zum Buchhändler; 1987/91 freie Sprecherin für DEFA-Synchronstudio, Fernsehen und Rundfunk; 1990/93 Studium am Literaturinstitut an der Univ. Leipzig; zwei Kinder; lebt in Berlin), dt. Dramenautorin.
– *Bin ausgebrannt und zapple noch.* 1. Szene (e. 1994). Erstveröffentlichung. *S. 114 – 121.*

Tabori, George (*24. 5. 1914 Budapest; Sohn eines Journalisten, der zus. m. anderen jüdischen Angehörigen in Auschwitz umgebracht wurde; 1932/33 Studium in Berlin, danach Übersetzer und Journalist in Budapest; 1936 Emigration nach London, brit. Staatsbürgerschaft; 1939/41 als Auslandskorrespondent in Bulgarien und der Türkei, 1941/42 Mitarb. d. Intelligence Office in der brit. Armee; 1943/47 Arbeit bei der BBC; 1945 Erscheinen des ersten Romans; ab 1947 in den USA, bis 1950 Drehbuchautor und Schriftsteller in Hollywood und New York, u. a. Zusammenarbeit mit Hitchcock und Losey, wird u. a. bekannt mit T. und H. Mann, Adorno, Schönberg, Freundschaft mit Chaplin; lernt 1947 dort Brecht kennen, der ihn für das Theater interessiert, Mitarb. an der engl. Fassung von *Leben des Galilei*, später Brecht-Übersetzungen ins Amerik.; 1951/52 Filmarbeit in Italien und Frankreich, danach bis 1971 in New York, wo er 1951 sein erstes Stück schrieb [*Flight into Egypt*, U. 1952], dem weitere folgen; ab 1956 eigene Inszenierungen, 1966 Gründung der freien Theatergruppe »The Strolling Players« in New York; lebte und arbeitete seit der Inszenierung seines Vietnam-Stücks *Pinkville* (dt. EA 1971) in der Bundesrepublik, u. a. Regisseur und Intendant in Bremen und München; seit 1989 Theaterarbeit in Wien; Prix Italia, Brit. Acad. Award, 1992 G.-Büchner-Preis), ungar. Romanautor, Dramatiker, Regisseur und Schauspieler; schreibt in Engl.
– *Clowns.* 3. Szene (Ausz.) (U. 1972 Tübingen, Übertr. Ursula Grützmacher-Tabori). In: G. T.: Theaterstücke I. München/Wien: Hanser 1994, S. 184 f. © Kiepenheuer Bühnenvertrieb, Berlin. *S. 23.*
– *Mein Kampf. Farce.* 2. Akt (U. 1987 Wien [G. T. als Lobkowitz], Übertr. Ursula Grützmacher-Tabori). In: G. T.: Theaterstücke II (↗ oben), S. 143 – 203. *S. 107 – 114.*

Tucholsky, Kurt (*9. 1. 1890 Berlin, †21. 12. 1935 Hindås b. Göteborg, Schweden [Freitod]; Sohn eines Kaufmanns; Gymnasium in Stettin und Berlin, 1909 Abitur [extern], Jurastudium ebd., Genf und Jena, 1914 Dr. jur.; ab 1913 Mitarb. »Schaubühne« bzw. »Weltbühne«; 1915/18 Soldat; 1918/20 Chefredakteur des »Ulk« in Berlin, danach mit Unterbrechungen – 1923/24 Privatsekretär in einem Berliner Bankhaus, 1926/27 Hg. der »Weltbühne« – freier Autor, ab 1929 zumeist in Frankreich und Schweden), dt. Publizist, Kritiker, Lyriker, Erzähler.
– *Ein Ehepaar erzählt einen Witz.* Prosa (1931). Zit. nach: Lachen und lachen lassen. Hg. Jo Schulz. Berlin: Eulenspiegel Verl. 1982, S. 74 – 78. © Rowohlt, Reinbek b. Hamburg 1975. *S. 30 – 33.*

Von Abenteuerroman bis Zeichen

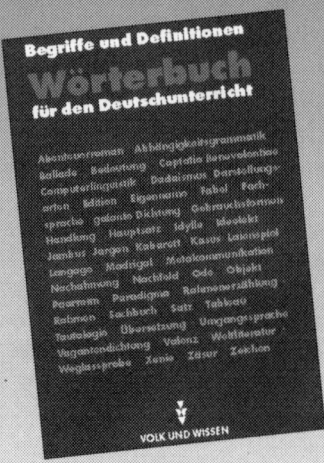

Wörterbuch für den Deutschunterricht
Begriffe und Definitionen
208 Seiten, Br.
29,80 DM   100970-1

Unter mehr als 1000 Stichwörtern finden Schüler/innen Begriffe und Definitionen, die sie für den Literatur- und Sprachunterricht brauchen.
Mit Register.

VOLK UND WISSEN